먹을갈다

먹을 갈다

모임득 수필집

수필과비평사

작가의 말

　도라지꽃이 바람에 일렁인다. 한 송이 작은 꽃에서 생명의 귀함을 읽는다. 풍경 속으로 들어가 풍경과 하나 되는 시간, 꽃을 피우기 위해 견디었을 비와 바람의 언어가 꽃가지에 걸려있다.

　인생 이모작을 준비해야 할 시기에 온전한 내 삶은 없었다. 햇살은 늘 문밖에 머물고, 꽃피고 이우는 풍광은 바람처럼 지나쳤다.

　의지와 상관없이 크고 작은 바람이 불어왔고, 그럴 때마다 거센 바람이 마지막이기를 바랐다. 바람과 맞서 버틸 수 있었던 것은 가족의 사랑이었다.

　거푸 시련이 닥쳤을 때 힘을 준 것은 글이었다. 살아온 일상을 잔잔하게 그리면서 이야기를 풀다 보면 나도 모르게 치유가 되어 다시 일어설 수 있었던 날들.

　소소한 삶에 한 줄기 빛으로 이어진 수필과의 인연을 맺은 건

참으로 잘한 일이다. 수필이 있어 덜 외로웠고, 너무 탈진해 주저앉았다가도 일어설 수 있었다. 이제 내게 수필은 걸어 온 길의 기록이고 기억에 새겨진 결이며 살아야 할 이유이고 힘을 건네주는 에너지의 근원이다.

첫 수필집 《간이역 우체통》을 펴낸 지 7년 만에 두 번째 수필집을 세상에 내놓는다. 엮다 보니 부족한 글도, 아픈 글도 많다. 신산한 삶이라 글을 쓰며 속울음을 삼켜야 했고, 삶의 지문을 더듬으며 마음을 도닥이기도 했다. 이런 글이라 부끄럽지만 용기를 내어본다.

누군가 내 글로 공감하고 위안이 되었으면 한다.

2020년 초가을
모임득

차례

작가의 말   4

part__1

연필	12
숟가락, 담다	16
2월과 3월 사이	20
바지랑대	26
큰 나무	30
악착동자	35
인연	41
해토머리	46
파꽃	50

part__2

무	56
그대가 머문 자리	60
쇠죽	66
치자꽃	71
어머니의 귀거래사	75
잡채 그리고 그리움	80
개망초	85
기름 두 방울	90
육인회	94
부채 바람	98

part_3

먹을 갈다	104
주판의 추억	109
멸치	114
제사	118
옥수수	123
영천 가는 길	128
삼신바위와 솟대	132
겨울연가	137
나비부인(Madama Butterfly)	141

part_4

냉면 두 그릇	146
마중	150
눈부처	154
숨	158
과거와 현대가 공존하는 곳	163
호드기	168
고사리	172
작은 숲	176
시간의 벽	183
금천동은 살아있다	188

part__5

가래떡	194
이 시대의 임꺽정은 어디에 있는가	198
엄마의 밥상	204
중남미문화원	209
귀벌레 현상(Earworm Syndrome)	213
백일장 그 깊은 떨림	217
대보름 달맞이	221
비로자나불	225
스승의 날에	229
나를 키우는 여행	233

part__1

연필 • 숟가락, 담다 • 2월과 3월 사이 • 바지랑대 • 큰 나무
악착동자 • 인연 • 해토머리 • 파꽃

연필

    반듯하게 깎인 연필이 필통에 가지런히 있으면 뿌듯하던 시절이 있었다. 책보자기 둘러메고 십 리 길 뛰어 학교에 가다 보면 필통의 연필은 흐트러지고 까만 연필심은 고단함에 그 모습을 감추고 있었다.
    필통 뚜껑만 열면 늘 잠자던 나무 향이 배시시 깨어났다. 그

향은 들뜬 마음을 안정시켜 주곤 했었다. 나무 안에 감춰진 까만 속심, 연필도 요즘은 형형색색이다. 한번 검정 연필이면 평생 검은색으로만 써진다. 사람으로 치면 고지식하지만 올곧게 세상을 살아가는 사람을 보는 듯하다. 눈 뜨면 들로 산으로 다니시며 농사짓는 일밖에 모르던 아버지 같다. 밭 갈고 쟁기질하던 거친 손으로 입학하는 딸을 위해 연필을 깎아주셨던 아버지. 부러진 연필을 깎고 또 깎아서 짧아진 몽당연필을 볼펜 껍데기에 끼워 침 바르며 공책에 삐뚤빼뚤 써 내려가던 그 시절이 아련하다.

달포 전, 볼펜도 샤프도 아닌 몇 자루의 연필을 K 선생님으로부터 선물 받았다. 어떤 뜻으로 연필을 주셨을까. 철학적 안목으로 하얀 종이에 세상살이의 희로애락을 엮어내라는 의미일까. 생의 행로를 한 글자 한 글자 까만 속심 닳아 없어질 때까지 끊임없이 쓰라는 의미일까. 연필은 넙데데한 얼굴에 이래도 홍 저래도 홍 하며 웃어주던 착한 K 선생님 같다.

선물로 받은 연필을 깎아본다. 초등학교 시절 책상에 앉아 칼로 연필을 깎는 일은 대단히 어렵고 위험한 일이었다. 그러나 지금은 일부러 연필을 깎는 이 시간이 참 좋다. 연필을 깎는 것은 먹을 가는 것처럼 들떴던 마음을 다스리며 한곳으로 모으는 훈련이다. 적당한 힘으로 칼을 잡고 엄지손가락을 움직여 사르륵사르륵 육각형의 나무를 깎아내고, 뾰족하게 까만 심을 갈아내는 일은 마음에 굳게 박힌 아집을 갈아내는 시간이기도 하다.

　언제부터인가, 우리는 스마트폰의 내장된 펜을 사용하고 있다. 스마트폰 화면에 펜으로 글씨를 쓰면 마치 실제 종이에 쓰는 것처럼 사각거리는 소리가 난다. 붓부터 연필까지 여러 형태의 펜 종류에 따라 다양한 소리를 내 재미를 더한다. 빠른 속도로 진화하는 이 시대에 연필을 선물 받은 걸 보면 그래도 연필로 쓰기를 고집하는 이들이 있어 반가운 세상이다.

　내 마음을 연하게 그려내는 연필은 수수하다. 지금까지 살아온 내 인생을 연필로 적는다면 선물 받은 네 자루면 가능할까. 쓰다가 마음에 안 들면 지우개로 지우고 마음 가는 대로 다시 써도 된다. 볼펜처럼 한번 써 놓으면 절대 지울 수 없는 똥고집이 아니다. 잘못 쓰면 지우개로 지우고 다시 쓰고 또 써도 절대로 성내는 일이 없다. 그만큼 연필은 포용과 배려의 상징이다.

　며느리로 엄마로 아내로 살아온 지난날을 돌아보니 매 순간 치열한 삶이었다. 길고 쭉 빠진 온전한 연필에서 이순을 바라볼 만큼 살다 보니 내 몸은 겨우 손으로 잡을 수 있는 짧은 몽당연필이 되고 말았다. 책보 속에서 뜀박질할 때마다 이리 치이고 저리 치인 연필처럼 온몸이 안 아픈 곳이 없다. 순수했던 마음은 침 묻힌 연필로 얼키설키 낙서해놓은 것처럼 까매졌다.

 살아온 생을 글로 적는다면 지우개로 지우고 다시 살고 싶은 나이가 어디쯤일까. 건강했던 젊은 시절로 돌아가 다시 후회하지 않을 삶을 살아보고도 싶지만, 그래도 지금의 내 삶을 사랑하려고 한다. 한평생 글씨 쓰는 일에 온몸을 바치다 몽당연필같이 된 삶도 내 삶이기에.

숟가락, 담다

 청동 숟가락 끝이 날렵한 나뭇잎 같다.
 목부터 휘어진 숟가락은 자루 끝부분도 제비 꼬리처럼 두 갈래로 갈라 멋을 부려놓았다. 쌍어雙魚형이면서 수저 허리 부분이 옆에서 보면 S자 곡선이다. 몸체는 음식을 먹기 불편할 정도로 길고 손잡이도 지나치게 휘어져 있어 실용적이지는 않을 듯싶은데, 고려 시대에 저렇게 세련된 숟가락을 만들었다는 것이 신기하기만 하다.

　숟가락을 무수히 들었을 주인은 어디 가고 숟가락만 시공을 초월해 지금 내 눈앞에 있는가. 땅속에서 오래도록 부장되어 있다가 발굴되어 세상 빛을 본다. 문물이 많이 변했지만 고려 시대에 비하면 현재의 숟가락은 멋보다는 실용성에 가깝다. 매일 밥상에서 마주하는 숟가락. 바쁜 일상에서 하루에 세 번 식탁에 놓였다가 소임을 다하면 수저통으로 돌아가 묵상에 잠겨있다.

　우리나라 밥상은 한꺼번에 차려놓고 여럿이서 먹는다. 살강 아래에서 수저통에 수저가 꽉 차던 시절이 그립다. 커다란 양푼에 밥 비벼서 숟가락이 들락거리며 때론 숟가락끼리 부딪치면서 떠먹던 그 시절.

　달창 숟가락으로 감자껍질을 벗겨 호박 썰어 넣고 밀가루 반죽을 숟가락으로 뚝 뚝 떼어냈던 수제비는 중학생이 할 수 있는 최상의 음식이었다. 각자의 자리에서 고단한 일상을 접고 들어온 식구들이 따끈한 수제비 한 그릇 맛나게 먹으면 떼꾼함이 사라졌다. 먹을 것이 많지 않아서이기도 하지만 많은 양을 끓여서 더 맛있었지 싶다. 여러 재료를 넣어 오래 끓이면 재료마다 맛이 우러나서 그러하리라. 식구가 적어진 요즘, 갖가지 재료를 넣어 육수까지 내어 끓여보지만 어렸을 적 먹던 맛이 나지 않는다.

어느 날 식당에서 음식이 나오기 전에 수저를 놓고 기다리다가 깜짝 놀란 적이 있다. 숟가락 속에 내가 거꾸로 있었다. 숟가락을 뒤집어 볼록한 면에 얼굴을 보면 온전한 내가 있다. 오목한 면과 볼록한 면을 가지고 있는 숟가락은 양면 거울이며 소우주다. 삶의 안과 밖이 담겨있기에 그러하다. 신기해서 앞과 뒤를 번갈아 비추며 신기해했다.

숟가락을 들 수 있다는 건 살아있음의 증거다. 이유식을 먹을 때부터 숟가락은 우리와 평생을 같이한다. 숟가락을 든다는 표현이 있다. 밥을 먹기 힘겨울 때 억지로라도 먹는다는 뜻이다. 하루하루의 삶을 이어주는 것이 숟가락의 소임이다.

병간호하던 때가 있었다. 병이 깊을 무렵에는 누룽지 두 숟가락밖에 먹지 못해도 숟가락을 들 수 있어서 다행이었다. 병원 개수대에서 그릇을 씻을 때 옆에 있던 보호자는 숟가락으로 밥을 먹을 수 있다는 것을 무척 부러워했다. 콧속으로 연결된 줄에 커다란 주사기로 미음을 넣어주기 때문이다. 멀건 미음이 코를 통해 몸속으로 들어

가서 생을 연장하는 것이다.

콕콕 찍어 먹는 포크에 비해 국물까지도 담아 올려 모든 것을 아우르는 것이 숟가락이다. 밥 한 숟가락이라도 씹어 삼킬 수 있다면 찬이 변변해도 무한한 행복이다.

땅속에 묻혀 긴 잠을 자다 발굴되어 청주박물관에 전시된 숟가락을 바라본다. 얼마나 많이 주인의 입을 들락거리며 공양을 했을까. 그러고 보면 숟가락은 삶과 죽음의 아주 얇은 경계이다.

밥술을 놓고 떠난 주인 입에 저 숟가락으로 어떤 음식들이 뜨여지고 들어갔을까? 고려 시대 숟가락을 보며 추억한 자락, 아득한 생의 밥 한 숟가락을 더듬어 담는다.

2월과 3월 사이

봄이 오는 소리가 들립니다. 저만치 바람이 모퉁이를 돌아갑니다. 당신이 매일 찾던 산길을 일 년이 넘어서야 들렀습니다. 그리운 당신, 나는 여기서 이렇게 서성이는데 어디에 있나요?

보슬비만 처연히 내립니다. 붉은 꽃이 흐드러지게 피어있던 홍도화 나무 앞입니다. 예쁘다고 사진을 찍어 주었었지요. 아무것도 하지 않는 것처럼 보이지만 저들의 노력으로 제 몸을 살찌우고 있겠지요. 우듬지에 고인 빗물이 말갛습니다.

　우리는 항상 경계에 서 있습니다. 탄생부터 생의 마지막까지를 향하여 내딛는 발걸음 하나하나가 바로 오늘입니다. 일상 속에서 난 웃고 떠들지만, 누군가 아픈 가슴을 조금만 건드리면 울음보가 터집니다. 눈물을 달고 삽니다. 오늘도 난 후회를 합니다. 이별에도 연습이 필요하고 애도의 시간도 필요하다는 것을 절실히 느낍니다.

　몸이 아프다며 대장내시경을 받던 날, 의사 선생님은 밥 먹고 와서 결과를 들으라고 하였지요. 당신은 아무 일 없는 듯 식사를 하였지만 난 순간적으로 큰일이 일어났구나 하는 느낌이 있었지요. 조직검사 기다리지 말고 큰 병원 가라고 할 때가 2010년 7월 30일이었습니다.

　잔여 수명을 이야기하고 일억 원을 넘게 쏟아 부어도 수술할 확률이 없다고 하였습니다. 당신 나이 마흔아홉, 쌍둥이가 초등학교 5학년 때입니다. 그때부터 난 반은 미쳤습니다. 몸에 좋다는 것은 무엇이든지 하였고 사들였습니다. 울면서 주저앉아 있을 수가 없었습니다. 늦게 낳은 아이들 굶기지 않으려고 병시중 하는 틈틈이 밤 열시까지 돌아다니며 돈도 벌어야 했습니다. 저녁을 굶는 것은 아무것도 아니었습니다. 내가 울면 당신 잘못될까 봐 이를 악물고 다녔지요.

　6개월 후 기적적으로 수술을 하였습니다. 수술 대기실 불은 다 꺼지고 전광판은 더 바뀌지 않아도 당신은 소식이 없었습니다. 수술을 위해 장을 비우는데도 간 담당 선생님은 수술해도 된다고 하고, 대장 담당 선생님은 아직은 아니라고 하다가 들어간 수술이지요.

　그때의 1분 1분은 너무 길었습니다. 자정이 넘을 무렵에야 들려오던 당신의 신음이 참으로 반가웠습니다. 중환자실에 들어가는 당신을 보며 살아있음에 감사기도 드렸습니다.

　그 후로 수술실에서 마른 침을 삼킨 것이 몇 번인지, 중환자실 면회 간 것이 몇 번인지, 항암치료, 방사선 치료는 일상이 되어 버렸습니다.

　당신의 수첩을 책장 사이에서 엊그제 보았습니다. 몸 상태를 날마다 적어놓은 수첩에는 아프다 아프다는 말이 전부였습니다. 내가 당신의 그 아픔을 어찌 다 헤아릴 수가 있었겠어요. 하지만 지인이 뼈가 부러져서 입원했다고 하니 '세상에서 가장 행복한 병'이라고 표현했지요. 시간이 지나면 저절로 좋아지는 행복한 병.

입원과 퇴원을 반복하며 항암치료 받고 사진 찍고 수술하고 항암 또 항암.

당신 수첩에는 아이들에 대한 걱정과 그 힘든 짐을 내게 혼자 맡겨야 해서 미안하다는 내용이었습니다. 그러다 2014년 3월 글에 눈이 머물렀습니다.

이 길고 긴 터널은 언제 끝이 날까. 답은 한 가지인 거 같다. 스스로 끝을 맺는 것이 모두에게 좋을 것 같다. 슬픔은 잠깐, 고통은 큰 것을 줄일 수 있을 것 같다.

병수야, 복선아 너희들은 꼭꼭 건강진단 매년 하길 바란다. 건강이 최고야. 그래야 모든 것을 할 수 있단다.

그해 6월에는

언제까지 버틸 수 있을까. 힘들다 모든 게. 또 하루가 가고 하루가 밝아온다. 몇 년을 버틸 수 있을까? 하나둘 떠나는 지인을 보면서 인생사 세상사 이런 거구나.

글을 쓸 때 오늘이 마지막인 것처럼 유언을 쓰듯 쓴 글을 보며 당신이 4년 5개월여 투병할 때 흘리지 못한 눈물을 당신이 가고서야 일 년이 넘도록 밤새워 웁니다. 눈물이란 것은 마르지 않는 샘물인가 봅니다.

누구든지 저세상으로 가지만 가는 날은 아무도 모릅니다. 이별을 앞둔 사람에게는 세상의 모든 것이 다 귀하게 생각될 것입니다. 2014년도는 같이 있을 줄 알았습니다. 2015년 애들이 고등학교 입학하는 것도 볼 줄 알았지요.

제가 이별을 못 해서 눈물을 달고 살듯, 아이들도 나름대로 힘들겠지요. 딸은 요즘에서야 아빠란 단어를 얘기합니다. "엄마, 나 혼자 울 때 있다. 아빠 생각날 때도 울고, 친구들이 아빠 얘기할 때도 울고."

그래서 울고 싶을 땐 실컷 울라고 얘기합니다. 엄마도 운다고. 하지만 아들은 여전히 입을 다물고 있습니다. 말도 못 꺼내게 합니다. 저 어린것이 아들이라고, 남자라고, 지가 이 집안의 가장이라고 느끼고 있을 삶의 무게가 얼마나 클 것인지 알기에, 엄만 괜찮다고 난 오늘도 씩씩한 모습이어야 합니다. 그러면서 밤이면 이렇듯 뜬눈으로 지새우고 있습니다.

이별도 홀로 견뎌야 하는 시간이 필요합니다. 슬픔이 너무 커서 저 기억의 창고에 꽁꽁 숨겨 두었다가 첫 제사 지낸 후로 조금씩 꺼내기도 하고 어떤 때는 너무 빠져서 헤어 나오지를 못하고 있습니다.

계절은 봄이 오고 있는데 난 아직도 겨울도 봄도 아닌 곳에 있습니다. 2월과 3월사이, 그 어디쯤, 2월 30일.

슬픔에서 빠져나오려면 아직도 애도의 기간이 더 필요한가 봅니다.

바지랑대

 장맛비에 떨어진 땡감으로 마당이 어지럽다. 유년이 사라진 고향 집에는 추억만 아른거린다.
 어릴 때는 시골이 불편하다고 여긴 적은 없었다. 지금 생각하면 도시보다 열악한 환경이지만, 가끔은 예전의 삶을 꿈꾼다. 쫓기는 생활이 아닌 포근하고, 기다림이 있으며 이야기가 있는 언젠가는 반드시 돌아가야 할 것 같은 곳이다.

　고향은 그리움의 대상이며, 마음의 둥지이고 안식처이다. 문득 누군가 그리운 날 찾아가고 싶고, 추억의 장을 넘겨보고 싶은 풍경이기도 하다. 그런 추억이 쌓여 있기에 동경하며 현실의 힘듦을 견디는지도 모른다. 아픈 자와 삶에 지친 자에게 치유와 회생의 공간이 대지랭이 마을이다.

　오랜만에 찾은 고향에는 외지인도 많이 산다. 우리가 살았던 집도 다른 사람이 살고 있다. 마당, 텃밭, 장독대, 우물은 있던 그대로인데 아기자기하게 잘 꾸며 놓았다. 유년의 기억에는 빨랫줄에 온 가족이 매달려 있고 그를 힘겹게 떠받치고 있던 아버지 같은 바지랑대가 있었는데 빨랫줄도 바지랑대도 보이질 않아 마음이 허허롭다.

　고향 냄새는 언제 맡아도 익숙하고 포근하다. 두타산을 휘돌아 온 바람마저도 달곰하다. 햇살 따사로운 날, 마루에 앉아 앞산을 바라볼 때면 바람도 살랑거렸다. 빨랫감이 많을 때는 마을 건너 빨래터를 다녀오지만 적을 때는 샘에서 길어 올려 손으로 비벼 빨았다. 금방 널은 옷가지에서 떨어지는 물방울은 마당에 작은 구멍을 내며 고였고 젖은 옷가지가 잔뜩 널린 빨랫줄을 떠받친 바지랑대는 불어

오는 바람에 맞춰 건들거렸다.

우리 집 빨랫줄은 처마 밑에서 돌담 옆 모과나무까지 마당을 가로질러 걸렸다. 줄에는 늘 온 가족이 걸려 있다. 옷가지가 널릴수록 힘에 겨운 빨랫줄은 축 늘어진다. 무거워진 빨랫줄은 바지랑대로 가운데를 치켜 올려주면 한결 가벼워 보인다. 가끔은 축 처진 내 삶의 줄을 탱탱하게 받쳐주는 바지랑대가 있었으면 좋겠다.

남편 혼자 힘겹게 빨랫줄처럼 축 늘어져 있을 때 내가 바지랑대가 되어 힘을 보태겠다고 한 적이 있다. 그랬는데 너무 힘겨웠는지 내게 모두 넘겨주고 떠나가 버렸다. 바지랑대에서 빨랫줄이 돼 보니 젖은 빨래처럼 무겁고 고단한 삶이다. 늘 양팔이 힘겨웠고 무거웠다. 감당하기 힘든 시간일 때면 내가 제대로 된 길을 가고 있는지 자문하기도 했다.

살면서 내 가족이 아닌 남을 위해서 누구의 바지랑대가 되어 본 적이 있던가.

내게도 삶의 바지랑대가 필요했다. 늘어진 빨랫줄에 바지랑대처럼 쳐들어 꼿꼿하게 받쳐주는 도움이 절실했다. 병시중으로 힘들어 축 처져 있을 때, 내게 힘내라고 빨랫줄을 함께 잡아준 이들. 늘어진 빨랫줄에 바지랑대를 걸쳐 올려 힘듦을 나누었던 이들, 물기 많은 빨래를 쭉 짜서 툭툭 떨어 다시 널어준 이들.

누구는 마음으로, 때론 먹을거리로, 영양제로, 아니면 밥벌이에 보탬이 되어 준 고마운 사람들. 그분들의 사랑으로 한겨울 꽁꽁 얼어붙은 빨래일지라도, 소낙비를 온전히 맞고 있을지라도, 햇볕 쨍쨍함 속에서도 일어설 수 있었다. 그 힘은 유년 시절 고향 집 마당에 매여 있던 빨랫줄처럼 마음을 포근하게 한다.

갓 헹구어 널어놓은 빨래에 햇살 한 자락 걸친 바지랑대가 곧추서 있다. 오로지 빨랫줄만을 위해 온몸을 다 바치는 바지랑대가 고귀해 보인다. 작은 바람에도 몸은 흔들거리지만, 가족을 생각하는 것처럼 넘어지지 않으려 애를 쓴다.

햇볕과 바람이 머물다 가는 곳, 흙 마당이 주는 푸근함, 그 위에 연결돼 있던 빨랫줄, 그를 받쳐주던 바지랑대. 지금은 사라졌지만 내게는 영원한 그리움이다.

큰 나무

―이태준의 수필 〈수목〉을 읽고

고향 집 돌담 옆에 살구나무가 한 그루 있었다.

꽃이 피면 연분홍 살구꽃 향기가 실려 왔고 꽃이 이울면 가지마다 열매가 조롱조롱 달렸다. 살구가 노랗게 익으면 나무를 오르내리며 따 먹었다. 이때는 살구나무가 더없이 커 보였다. 그런 살구나무를 베어낸 자리에는 감나무가 대신했다. 나무가 떨어뜨린 감꽃을 실에 꿰기도 하고 꼭지 빠진 감을 주워 소꿉놀이할 때만 해도 감나무는 참으로 큰 나무였다. 감나무가 자라듯 내가 어른이 되자 감나무가 큰 나무로 보이진 않았지만, 고향 집에 들어서면 유년의 추억을 고스란히 전해주는 것 같았다.

고향 집 감나무는 언제나 찾아가도 그 자리에 있어 좋았다. 세상이 바뀐다고 세월이 흐른다며 백 년을 한곳에서 살 것 같았던 사람은 모두 떠났지만, 감나무는 절대 그곳을 떠나지도 버리지도 않았다. 뿌리는 깊은 땅속을 헤집고, 가지는 하늘길로 향한다. 무심한 듯하지만, 온 힘을 다해 가지를 뻗고 잎을 피워내며 치열하게 살아낸다.

가끔 집 근처 낙가산을 오른다. 조금만 올라가도 곧게 뻗은 나무들이 양옆으로 늘어서 반긴다. 싱그러운 초록빛의 청량한 숲길은 세상살이에 지친 심신을 다독여준다.

나무에 가만히 손을 대 본다. 거친 표피 속으로 수액이 흐르는 미세한 진동이 느껴진다. 우듬지마다 새 눈 달고 있던 때가 엊그제 같은데 이렇듯 잎이 무성하다.

상허 이태준이 수필 〈수목〉에서 봄이 어서 오길 바라며 급하다고 한 표현이 생각난다.

"아무 나무나 한 가지 휘어잡아보면 그 도틈도틈 맺혀진 눈들, 하룻밤 세우細雨만 내려 주면 하루아침 따스한 햇발만 쪼여 주면 곧 꽃피리라는 소곤거림이 한 봉지씩 들어 있는 것이다."

과연 근대 순수문학의 기수라고 할 만하다. 1930년대의 우울한 사회 현실 속에서 이렇듯 보석 같은 표현을 했을까. 자연이나 일상의 아주 사소한 것들로부터 의미를 성찰하게 하는 유려한 글솜씨가 놀라울 따름이다.

이태준의 수필을 읽다 보면 반세기 이전에 쓰인 글이 지금 읽어도 전혀 어색하지 않다는 데 놀랍다. 물이 흐르듯 군더더기가 없다. 글자 하나 첨삭도 불허할 만큼 완벽한 문장이다.

산에 오를 때면 넓은 등산로보다 좁은 산책로를 즐겨 찾는다. 꽃과 어린나무를 보는 것이 좋았다. 운동보다는 나무와 꽃을 보며 교감하는 즐거움이었다. 새순이 돋아나는 소나무를 쓰다듬거나, 손을 뻗어 오디를 따 먹을 수 있는 뽕나무, 보리수가 좋았고, 누가 보지 않아도 피고 지는 진달래, 생강나무, 조팝나무, 물푸레나무와 솜나물, 봄맞이, 꽃마리, 제비꽃, 미나리아재비 같은 풀꽃이 좋았다.

하지만, 생의 큰 고비를 넘긴 지금은 다르다. 비가 오면 비가

온다고, 바람 불면 바람 분다고 심란해하고 호들갑 떨던 예전의 내가 아니다. 너무 이른 나이에 마음의 크기가 넓어졌다. 나는 예쁜 꽃과 막 돋아나는 나무들과 교감하고 싶은데 세상살이는 나를 사소한 일에 일희일비一喜一悲하지 말라 한다. 오랜 세월을 보듬고 그 자리에서 묵묵히 버텨온 큰 나무처럼 살라고, 큰 나무로 서 있던 남편이 떠났으니 이제 한 집안의 가장이라며 어깨를 무겁게 짓누른다.

그래서 〈수목〉이란 글이 더 가슴에 와 닿았을 수도 있다. 한 그루의 나무라도 큰 나무 밑에서 살고 싶다는 표현이, 낮은 과목 사이에 주춤거림보다는 큰 나무 밑에서 쉬면서 앞날을 생각하고 싶다는 말이 딱 내게 맞는 말인 것 같아서다.

내가 보고 싶고 위안도 받고 싶을 때 나무는 한결같이 그 자리에 있어서 좋다. 지치고 힘들 때 언제든지 가서 마음의 평화를 얻을 수 있으니까. 작은 나무보다는 나를 안심 시켜 줄 수 있는 큰 나무였으면 싶다.

이태준은 "수필처럼 작가를 체온에서부터 영혼까지 드러내는 글이 없고, 그러니까 수필처럼 생활이 아직 익지 못한 풋 인생으로는 살 수 없는 글은 없는 것이다."라고 하였다. 그는 오래 살고 싶다고 쓰고 있는데, 오래 살아야만 좋은 글도 써 볼 수 있을 것 같아서가 그 이유라고 말한다.

　　이태준이 삼십 대에 쓴 글도 충분히 인생을 달관한 자만이 쓸 수 있는 글인데, 1946년 42세에 월북해 더 이상 그의 작품을 볼 수 없어 안타깝다. 올해 11월 4일은 상허 탄생 94주년이다. 지금 그는 생사조차 감감하다. 사상이야 차치하고 깔끔하고 군더더기 없는 문장으로 시대를 초월해 읽히는 그의 수필처럼 나도 흉내 내고 싶지만 갈 길이 멀다.

　　큰 나무가 나를 보호하고 위안을 주었다면 나도 누군가에 힘을 주는 큰 나무가 되고 싶다.

악착동자

천년고찰 청도 운문사 가는 길은 그리움과 설렘의 시간이었다. 같은 학교를 졸업하고 함께 직장에서 근무하던 후배가 스님이 되었다. 스님을 만나러 가는 길, 옛 동료들이 30여 년 만에 만났다. 만나지 않은 긴 세월이 어색할 만도 한데 시간을 거슬러 우린 모두 이십 대 초반으로 돌아갔다. 오랜만에 '미스 모', '모 언니' 소리도 들어보면서 은행에서 같이 근무하던 그 시절을 소환해 추억 속으로 빠져들었다. 다들 좋은 동료로의 추억으로 즐겁다 맨 나중에 소환된 한 사람, 인격 장애가 있는 분이었다. 왜 그는 유독 스님이 된 후배에게 사사건건 트집을 잡았을까. 혹시 출가를 결심하는 데 그 사람이 한몫했으리라는 추측만 할 뿐이다.

스님 소리만 들어도 가슴이 아련하고 눈물이 핑 돈다. 수행자의 길을 가고자 출가는 아무나 할 수 있는 일이 아니다. 머리 깎고 옷 바꿔 입는다고 스님이 되지 않는다는 걸 알기에 눈물겹다.

운문사 들어가는 첫 문은 일주문이나 사천왕문이 아닌 범종이 걸린 이층 누각이다. 비구니 스님들 도량이어서 그런지 포근하다. 처마의 양쪽 날개가 비상하는 날갯짓 모습으로 반긴다.

운문사는 비구니 스님의 강학 공간인 운문승가대학이 있다. 130여 명 학인 스님들이 새벽 4시부터 취침할 때까지 꽉 찬 시간표 따라 생활을 한다. 마침 우리가 간 날이 오백나한전 회향일이라 평소에는 들어가지 못하던 스님들의 수행 공간을 구경할 수 있었다. 많은 장서를 갖춘 도서실, 깨끗한 기숙 시설을 갖춘 도량이었다.

공양간에서 점심을 먹고 있는데 스님이 왔다. 세월이 비껴간 만큼 맑은 모습으로 인사를 하는 고봉 스님. 공양 후 차 한잔하기로 하고 가는 뒷모습을 물끄러미 바라보다가 옆 동료를 보니 눈물을 흘리고 있다. 머리 깎고 스님 복장을 한 모습이 생경하기도 했지만 오랜만에 보는 반가움을 눈물 한 모금, 비빔밥 한 숟가락으로 애써 눌렀다.

대웅보전에는 비로자나불이 홀로 법당을 지키고 있다. 예를 갖추어 삼배를 올렸다. 불단 서쪽의 천장 아래에는 반야용선이 있다. 중생을 태워 피안의 세계로 인도하는 배다. 아랫부분에는 작은 종들이 일렬로 달려있고, 종 아래로 대롱대롱 줄에 매달려있는 앙증스러운 나무 조각상이 있다. 악착동자이다. 극락정토로 향하는 반야용선이 출발할 때 한발 늦은 보살에게 사공이 밧줄을 던져 주었다. 항해 내내 보살은 악착같이 매달려 끝끝내 정토에 닿았다. 푸른색 머리에 주황색 띠를 두른 초록 상의, 하얀 바지를 입고 외줄에 매달린 보살이 왠지 안쓰럽다. 나는 저렇게 간절한 마음으로 무엇을 한 적이 있었던가.

고봉 스님이 악착동자에 대해 설명한다. 원래는 청의동자靑衣童子

라고 해야 한다는 사람도 있는데 스님들은 악착동자라고 한다고. 내가 원하는 것을 위해서 악착같이 올라가고, 수행을 위해서는 악착같이 참아야 한다. 보통 반야용선을 타고 간다고 하는데 현실적인 장소를 의미하는 극락도 있지만 내가 깨닫는 부처님 그 자체가 극락이듯, 그 깨달음에 다다르기 위해서 나태하지 말고 열심히 올라가라는 의미로 해석한다고.

스님 눈가가 촉촉이 젖은 듯 보인다. 속세의 모든 인연 버리고 마음의 눈물을 얼마나 흘렸을 것이며, 많은 번뇌로 고민하였을까. 특히 부모님을 생각하면 운문사 입구 소나무 숲길을 지나온 솔 내음만 맡아도 사무치게 그리웠으리라. 모습만 떠올려도 가슴이 저리고 눈물 쏟았을 테다.

학인 시절에는 자세부터 교정했다고 한다. 일찍 일어나서 예불과 공부, 후원일 등으로 육체도 힘들지만 정신이 하나도 없어 바짝 긴장해야 한단다. 정신없는 시간에도 마음의 고통과 번뇌는 쉽사리 사라지지 않았을 터. 악착동자 악착의 의미는 중생보다도 스님이 되기 위해 정진하는 이들의 깨달음 아니었을까.

그리고 보면 반야용선은 물리적인 배가 아니라 마음속 깨달음의 배다. 모든 일은 마음먹기에 따라 달라진다고 하지 않던가. 사바 세계의 고해苦海를 건너 피안의 세계로 가는 배다.

운문사 곳곳을 학인 스님이 안내하고 있다. 모두 앳된 소녀들이다. 스님도 이곳에서 학인 생활을 하였다고 한다. 지금 저 소녀들 일상이 힘들다고 강조하니 고봉 스님도 학인 시절에 고생을 많이 하였으리라 짐작한다.

출가 이유야 알 수 없지만 마음의 자유와 평화를 찾고, 나를 찾기 위해서가 아니었을까. 출가가 삶의 큰 전환점이 되었을 스님. 수행자로서의 삶에 마음의 평온이 느껴진다.

비구니 스님의 정원을 거닐며 고봉 스님은 하심을 배워야 하는데 잘 안 될 때가 있다고 하였다. 괴로움의 근본도 마음에서 오는 것. 나를 내세우니 마음이 일어날 때가 있는데, 생로병사에 관련된 일이라면 얼마나 더 할까 싶다고. 그래서 중생인 우리들이 더 존경스럽고 대단하단다. 중생의 삶이 부처고 선지식이라고.

스님 친견 후 죽비로 한 대 맞은 듯 깨달았다. 완벽한 사람이 되려고 하지 말고 마음을 낮추도록 노력해야겠다. 밥벌이에서 오는 갈등 좀 더 비우고 악착같은 욕심 내려놓고 초심으로 돌아가련다.
운문사에서 돌아오는 길, 동료들 얼굴에 웃음꽃이 활짝 피었다.

인연

 우리는 살아가면서 수많은 인연을 맺으며 산다. 의도된 만남일 수도 있지만 스쳐 가는 인연도 무수히 많다. 옷깃만 스쳐도 인연이란 말이 있다. 지구상 77억이라는 인구 중에 나와 인연이 닿기까지는 보통 인연이 아니란 말일 게다.
 시를 낭송할 기회가 생겼다. 김현태 시인이 쓴 〈인연이라는 것에 대하여〉를 외우는 중이다. 외우면 외울수록 시어가 가슴에 절절히 새겨진다. "인연이란, 잠자리 날개가 바위에 스치고, 그 바위가 눈꽃처럼 하얀 가루가 될 즈음 그때서야 한번 찾아오는 것이 인연이란다." 잠자리 날개가 바위에 스칠 확률도 미미한 데다 바위가 하얀 가루가 되려면 얼 만큼 시간이 흘러야 인연이 되는 것일까.

그런 인연으로 만난 사람들이 부부로, 연인으로, 부모와 자식으로, 친구로 만난다. 나는 인연이란 말이 참 좋다. 찬란하게 빛나는 시간을 서로 존중하고 아끼며 같이 보내고 있으니까. 때로는 눈물나도록 슬픈 시간도 있을 테고 기쁠 때 같이 웃어줄 인연들인 사람들.

최근 들어서 사람의 인연이란 얽히고설켜 몇 단계만 거치면 서로의 인연이 무수하게 닿는다는 걸 느낀다. 아마존에서 나비가 일으킨 날갯짓이 인연이 닿고 닿아 전혀 상관없을 것 같은 지구 반대편 사람에게 영향을 미친다는 것을 본 적이 있다. 일명 나비효과(Butterfly Effect)는 지구 한쪽의 자연현상이 언뜻 보면 아무 상관이 없어 보이는 먼 곳의 자연과 인간의 삶에 커다란 영향을 미친다고 설명한다.

수많은 인연 중에 반려자와의 인연이란 참 특별하고 소중하다. 지금 나와 함께 밥상 앞에 앉아 밤 껍질을 까는 아이들과의 인연도 남편을 만났기에 생긴 인연이다. 남편이 날마다 편지를 등기로 보내고, 주말이면 인천에서 청주로 내려왔기에 결혼하였다. 계속되는 유산流産에 지푸라기라도 잡는 심정으로 찾아간 곳에서 아기들이 아주 먼 곳에 있어 공을 많이 들여야 한다고 하였다. 좋은 직장 그만두고 몸과 마음을 바쳐 얻은 아이들을 바라본다. 그토록 열정적이던 남편은 가고 남겨진 아이들과 나는 남편 제사상에 올리려고 밤을 까고 있다.

우리는 살아가면서 수많은 선택의 기로에 서게 된다. 그 선택은 당시의 미래 즉 현재의 결과로 나타난다. 과거는 늘 현재를 기준으로 새롭게 해석된다. 프로스트의 〈가지 않는 길〉 시도 있지만 내가 선택하지 않은 길에 대해 아쉬움이 남은 때도 있다. 내가 여상 졸업 후 금융권에 취직하지 않고 대학에 다녔더라면, 어떤 인생으로 살고 있을까? 다른 인연을 만나 다른 삶으로 살고 있을까.

시인은 말한다. 나무와 구름 사이, 바다와 섬 사이, 사람과 사람 사이에는 수천수만 번의 애닯고 쓰라린 잠자리 날갯짓이 숨 쉬고 있다고. 인연이란 서리처럼 겨울 담장을 조용히 넘어오기에 한겨울에도 마음의 문을 활짝 열어 놓아야 한다고.

돌이켜보면 젊었을 적 사소한 아주 작은 나비 날갯짓 같은 일들이 지금의 내게 큰 결과를 안겨주었다. 십 년 가까운 시간을 태풍의 눈 속에서 격정적으로 살아냈다. 그러면서 새로운 인연보다는 지나간 시간에 얽매여 마음고생하고 있다.

운명의 복선인가, 숙명이던가. 아이들도 아빠와의 인연에서 벗어나지 못하고 있다. 딸아이는 아빠에게 '사랑해.' 소리를 못 했다고 늘 아쉬워한다. 사랑한다고 말하는 일은 어쩌면 세상에서 가장 쉬우면서도 어려운 일일 수 있다. 제일 소중한 인연은 항상 옆에 있지만 그 소중함을 모르고 지나친다. 그 인연이 떠났을 때 아 소중하고 고귀한 인연이었구나, 후회한들 그 사람은 이미 이 세상 사람이 아닐 수도 있다.

톨스토이는 단편 〈세 가지 질문〉에서 우리 인생에서 가장 중요한 때는 '지금'이고, 가장 필요한 사람은 지금 '가까이 있는 사람'이라고 했다. 그리고 우리 인생에서 가장 중요하게 할 일은 지금 이 순간, 가까이 있는 사람에게 '선한 일을 하는 것'이라 했다. 그 소중한 인연을 기반으로 톨스토이 말대로 지금 이 순간 가까이 있는 사람에게 선한 일을 하며 살리라. 물론 사랑한다는 말도 많이 하면서.

사는 동안 우리는 얼마나 많은 사람을 만날까? 스쳐 지나가는 인연들까지 보면 무수히 만나는 사람 중에서 만나서 밥 먹고 차 마시는 연이 되려면 얼마나 많은 인연 중에 선택이 된 걸까.

인연이란 나비효과로도, 어떤 확률이나 수치로도 매길 수 없는 기적 같은 일이란 생각이 든다.

해토머리

잠깐 내린 비에 언 땅이 촉촉이 젖어 들었는가 보다. 눈여겨보지 않으면 피었는지도 모를 작은 들꽃이 양지바른 곳에 피었다. 추운 겨울을 잘 견디고 피어난 작고 앙증맞은 꽃이라 더 대견하다.

긴 겨울을 보내고 전령이 봄을 전해오는 2월과 3월 사이. 산골짜기 잔설이 녹고 얼었던 땅이 포슬해지는 해토머리다. 이미 마음은 봄물을 담뿍 들었지만, 봄볕이 필요한 만큼 찬 날씨다.

2월은 계절과 계절 사이를 이어주는 달이다. 1월의 겨울 추위도 아니고 3월의 봄 향기가 풍기는 달도 아닌 틈새라, 늦겨울과 초봄이 만나는 그 언저리쯤 있는 달이다.

얼마 남지않은 2월은 아이들이 곧 개학을 앞두고 있음이다. 긴 겨울방학이 시작되었을 때만 해도 맛있는 음식을 해 주고, 함께 시간도 같이 보내리라 다짐했었다. 2월이 다 갈 때쯤 며칠 남은 날짜를 헤아리며 챙겨주지 못한 미안함에 양식 요리를 배우기로 했다.

요리 실력이 좋으면 후딱 해서 밥상 차리면 되지만 그렇지가 못 하니 평소 알고 지내던 요리 강사에게 도움을 요청했다. 오늘은 커리와 난, 투움바파스타, 통새우버거, 비프도리아 네 가지 요리다. 네 명이 배우고 각자 만든 요리를 싸 들고 집에 가서 가족과 레스토랑 부럽지 않게 한 상 차려 먹는 콘셉트이다.

밀가루 반죽을 해 모양을 만들다 보니 다른 거에 비해 유독 작은 난이 눈에 들어왔다. 왠지 안쓰러운 달 2월 같다는 생각이 들었다. 다른 열한 달보다 늘 날짜가 부족한 달. 태어날 때부터 없는 집에서 태어난 것 같고, 어찌 보면 살 날을 다 못 채우고 먼저 세상 뜬 사람 같아 아린 달이다.

　일수도 적은데 설 연휴까지 있어 영업사원은 2월 실적을 채울 마음으로 조급하겠지만 부족해도 질끈 눈 감아 줄 것 같은 달. 1월에 거창하게 세운 계획과 목표치를 달성하느라 힘에 부친 심신을 숨고르며 쉬어가는 달이다.

　2월은 '벌써'라는 말이 잘 어울리는 달이다. 새해 덕담을 주고받은 지가 엊그제 같은데 문득 달력 한 장을 넘기며 '벌써 2월이야.' 한마디씩 한다. 가장 짧은 달이지만 조급하지 않고 왠지 마음이 편안한 달. 12월 송년회로 분주하고, 새해맞이 하면서 각종 모임의 총회를 하느라 바쁘게 다니다 한숨 돌리고 가는 달.

　2월은 가족의 달이다. 3월이 새 학년 새 학기 시작되는 달이라 아이들 준비물을 미리 준비하고, 방학을 맞이한 아이들과 밥상 앞에서 세 끼 챙겨 먹으며 일상을 공유하는 달이다.

　평소 잘 쓰지 않는 나무 도마에 새우버거를 일렬로 놓고, 비프 도리아 위에 치즈를 가득 올린 다음 파슬리 가루를 뿌리고, 야자수밀크로 만든 파스타를 흰 접시에 놓았다. 밥하고 먹던 카레를 난과 찍어 먹게 세팅했다. 아이들 눈이 휘둥그레지며 우리 집 식탁이 변신

했다고 사진 찍기 바쁘다. 한 상 가득 차려진 밥상머리에서 맛나다고 병실병실 웃는 아이들이 활짝 핀 봄꽃 같다.

    2월에서 3월로 건너가는 징검다리에서 보랏빛 봄까치꽃이 봄을 알리고, 헐거워진 포슬포슬한 흙을 헤치고 돋아나는 새싹들의 아우성이 들려오는 해토머리다. 잠포록한 날씨, 산수유 목련 몽우리가 더 도톰해졌다.

파꽃

 밭 한 뙈기에 올망졸망 작물이 심겨 있다. 이제 막 꽃을 피우는 감자, 어린 나물일 때 먹었을 노란 유채꽃, 미처 뜯지 못해 웃자란 상추 사이사이에 명아주가 보이는 밭에서 내 눈을 멈추게 한 건 파꽃이다. 튼실한 다리로 꼿꼿이 서 있는 그 싱싱함이라니. 둥근 모양의 꽃을 달고 하늘을 이고 선 저 푸른 기상. 대궁이 텅 비었는데도 쓰러지지 않고 서 있는 파꽃을 보며 밭둑에 앉았다. 혈기왕성한 젊은 청춘을 보는 것 같다.

밭 가장자리에는 돼지감자도 있다. 눈만 뜨면 밭에 나와 작물들을 보살피는 아주머니는 언제까지 하실 수 있을까. 둘이 하던 밭일을 남편이 먼저 가신 후로 혼자 밭에서 산다고 한다. 구청이 바로 옆에 들어서니 땅값이 많이 올라 팔아서 편하게 살 수도 있는 일이다.

친구네 공장 마당에 밭이 인접해 있고 바로 옆에는 구청을 짓는 공사가 한창이다. 공장과 구청 중간에 있는 밭 한 뙈기의 운명이 걱정스럽다. 건물 지어 식당이라도 해야 하는 건 아닌지, 괜스레 걱정이 앞선다.

친구를 만나러 갈 때면 아낙네 치마폭만 한 밭에서 늘 흙을 만지고 계셨다. 머리에 수건을 쓴 아주머니 머리와 등만 곰실곰실거렸다. 덕분에 줄 세워 심어진 작물을 철 따라 보는 재미가 쏠쏠하였다.

파는 음식에 주재료로 쓰이기보다 양념으로 많이 쓰인다. 파 기름이 되어 음식에 풍미를 더해주기도 하고 멸치, 다시마와 육수로 우려져 국물 요리로 탄생하기도 한다. 약방에 감초가 있다면 음식에는 마늘과 더불어 파가 빠지지 않는다. 그래도 내가 음식에 주재료라고 우기지 않고 고명으로 오르거나 요리재료에 스며든다.

대파꽃 옆에는 쪽파가 줄 세워 심어져 있다. 쪽파는 그나마 파김치로 담긴다. 주재료인 셈이다. 지역에 따라서 대파로 김치를 담그기도 하지만 보통은 육개장이나 라면, 볶음요리 재료에 어울린다.

봄과 여름 사이에 피는 파꽃, 저도 꽃이라고 하늘을 향해 힘차게 뻗어있다. 얇게 뿌리 내려 뽑히기 쉬운 대파, 하얀 뿌리 땅에 박혀 그래도 꽃을 피웠다. 장미꽃처럼 화려하지는 않지만 자북자북 피어 있는 파꽃을 보면 하늘을 향해 일제히 꼿꼿이 머리를 쳐들고 있어 아침 일찍 점호를 받으려고 연병장에 집합한 군인들 같다.

파꽃은 반투명 껍질을 스스로 벗겨내면서 꽃을 피운다. 하얗게 삐죽거리는 꽃 모양이 특이하다. 지구상에 종족 번식을 위해서 노력하지 않는 식물이나 동물이 없듯이 파꽃도 꽃대 위에서 계절을 불사르고 있다. 활짝 핀 꽃 끝에 노란 수술이 앙증맞다. 원기둥 모양의 꽃줄기 끝에 공처럼 둥근 산형 꽃차례를 이루며 빽빽이 달려 핀다.

꽃 한 송이에도 무수히 달린 꽃술. 곧 검은 씨앗들을 품어 내리라. 파꽃이 피기 시작하면 줄기가 억세 진다. 영양가가 떨어지고 맛이 없어 먹기에 적합지 않다. 제 속 비워가며 씨앗을 남기기 위해 최선을 다하는 파꽃은 희고 둥근 모양으로 피어 씨를 날린다.

5월은 파꽃이 피는 계절. 햇살과 땅 힘을 쭉쭉 빨아들여 우리를 먹여 살리던 파가 장마철이 오기 전에 온 힘을 다해 꽃 피우고 열매를 맺으며 다음을 기약한다. '꽃과 열매에는 자연의 작업이 가장 잘 응축돼 있다'는 루소의 말이 파꽃을 보며 되새겨지는 계절이다.

세상의 중심에 서는 것, 더욱 더 높은 자리에 오르는 일, 힘 있는 자리, 남을 지배하는 삶의 방식에서 보면 보잘것없는 파꽃. 음식 재료의 조연이지만 묵묵히 꽃 피워 씨앗을 품는 꽃, 꽃이라고 하기에도 밋밋하고 더없이 수수한 꽃이다.

어떻게 보면 자식 키우고 밭을 일구는 일에 한평생 바친 아주머니 같은 꽃, 땅값이 오르건 말건 곡식이나 채소를 심어 김매고 복 돋아주어 수확하는 일이 전부다. 파꽃 같은 아주머니를 보니 지혜로운 삶이 무엇인지 알 것만 같다.

part__2

무·그대가 머문 자리·쇠죽·치자꽃·어머니의 귀거래사
잡채 그리고 그리움·개망초·기름 두 방울·육인회·부채 바람

무

　빗물 한 모금, 서늘한 공기 한 줌으로 몸뚱이를 한껏 키웠다. 세상이 궁금해 몸뚱이 반을 밖으로 내밀고 시퍼런 화관까지 썼다. 해바라기 하던 말쑥한 머리통은 푸른 물이 들었고 꼭꼭 싸맨 밑동은 하얀 바탕색 그대로다.
　땅속에서 쑥쑥 키재기 하다가 뽑혀 온 무. 도마 위에 올린 잘생

긴 조선무를 썰어본다. 달곰하고 매운 냄새가 난다. 생채는 채칼보다 칼로 썰어야 제 맛이 난다. 어머니처럼 똑 고르게 썰고 싶지만, 의지와 다르게 제각각이다. 예전에 무채를 썰던 어머니가 무채를 입에 넣어주면 왜 그리 달곰하던지. 아마도 어머니의 사랑이 담겨 있어 그랬나 보다.

무를 썰다 아들 생각에 피식 웃음이 났다. 놀다 온다며 나간 아들이 한밤중에 친구의 부축으로 들어왔다. 몸을 가누지 못하는 만취한 아들을 처음으로 보던 날 걱정으로 잠들지 못했다. 아빠 없는 집에서 아들이라는 이유로 어깨가 무거웠을까. 가장은 엄마라고 누누이 얘기했지만 어린 나이에 엄마와 누나를 책임져야 한다고 생각하는 것 같았다.

아들을 뒷바라지하느라 고등학교 3년 내내 시간을 쪼개며 학사어머니 회장으로 봉사했다. 어미 마음은 그 대가가 아들에게 가길 바랐다. 허나, 씨로 뿌려져 척박한 땅에서 햇빛과 빗물을 받아먹는 조건과, 온습도를 자동 조절하는 하우스에서 기름진 포토로 잘 자란 모종하고는 비교할 수 없었다. 여자 혼자 열심히 뛴다고 되는 게 아니었다. 그럴수록 말수가 더 적어지고 안으로 침잠하는 아들을 지

커보는 어미는 노심초사했다.

    무를 썰어 해장국을 끓이다 성인이 된 아들을 생각하니 절로 웃음이 났다. 가장의 부재를 나나 아들이나 바꿀 수 없는 거라면 그 힘듦도 견뎌 내리라 믿기로 했었다.

    무를 통째로 둥그렇게 썰자 뽀얀 속살 드러내며 살아온 생의 이력을 보여준다. 가운데를 중심으로 가장자리로 뻗어 나간 결이 마치 나이테 같다. 채 썬 무에 고춧가루를 뿌리자 아무 저항 없이 빨갛게 색이 스며든다. 좋다 싫다 감정 내비치지 않고 시키는 대로 묵묵히 받아들이던 내 아들 같다.

    순응하던 아들이 어느 날 덜 절인 무처럼 반기를 들었다. 누름돌에 눌린 동치미 무처럼 짊어진 삶의 무게에 버거웠던 나도 날을 세웠다. 둘 사이는 짜서 더 손볼 수 없는 김치처럼 소태같이 썼다.

    소금을 뿌리자 꼿꼿이 서 있던 채 썬 무에 간이 스며든다. 칼날 같았던 감정도 세월이 약이었다. 소금으로 인해 각이 진 무가 수그러들 듯 냉랭함 속에서 아들과 나의 감정이 시나브로 풀어졌다. 나 힘들다고, 죽을 것 같다고 서로에게 보내는 신호였지 싶다.

나는 사람도 무 같은 사람이 좋다. 어디서나 필요하고 어떤 사람과도 잘 어울려 분위기를 띄워주기도 한다. 꼭 우리 딸아이 같다. 성격이 급하고 조바심에 미리미리 처리해야 하는 나는 후딱 버무려 내놓는 무생채 같다. 그에 비해 꾹 다문 입으로 속내를 보이지 않고 숙성시키는 김장김치처럼 느긋하게 있다가 제 할 일 하는 아들. 그 사이에서 숙성된 김치였다가 생채였다가 중재자 역할을 딸이 했다. 사람 간에 불편한 사이를 소화시키는 무 같은 사람. 있는 듯 없는 듯 하면서도 꼭 필요한 존재가 아닌가.

무는 익히지 않으면 아삭하지만 열을 가하면 부드럽다. 늘 곁에 있지만 대접받는 채소는 아니다. 옆에 두고도 늘 무심했던 존재이나 곁에 있어서 고마운 무다. 자신을 드러내지 않지만, 자신으로 하여 주위를 더 유익하게 하는 무 같은 사람이 세상을 살맛나게 만든다.

어떤 재료와도 잘 어울리며 시원한 맛을 내주는 무도 그렇다.

그대가 머문 자리

산 자와 죽은 자는 한숨 차이다. 한 호흡 차이로 이생에서 저생으로 건너가는 것을 절실히 느꼈다.

돌아올 수 없는 이가 먼 길 떠나며 쌓은 애증의 탑은 세월이 흘러도 풍화되지 않는다. 몇 번이나 꽃이 피고 지고를 거듭했지만 지금도 머물고 있는 곳을 찾을 때면 시리고 아픈 기억이 시퍼런 칼날이 되어 사정없이 가슴을 긋는다.

햇볕 바라기를 하는 마른풀들이 나붓이 엎드려 있다. 비워야 제 목숨 부지한다는 것을 터득한 벌거숭이 나목이 애처롭다. 그날은 더 그랬다. 검은색 리무진을 타고 목련공원으로 향하던 날은 눈발마저 흩뿌리고 있었다.

언젠가 그가 말했었다. 청주로 이사 온 지 얼마 되지 않은 비가 내리던 밤이었다. 차량도 뜸한 산길에서 목련공원 표지가 보여 반가운 마음에 차를 돌렸단다. 내리막을 지나자 일반 공원인 줄 알았는데 수많은 무덤과 길 양옆으로 꽂힌 조화가 보여 등골이 오싹했다고 했다. 이 길을 지날 때면 당시를 회상하며 멋쩍게 웃곤 하였는데 자신이 이곳에서 영면할 것을 상상이나 했을까.

마흔 후반 남편의 몸에 불쑥 찾아든 불청객은 아직 할 일 많은 그의 등을 세차게 떠밀었다. 건강을 자만하던 그는 도저히 받아들이기 어려웠다. 잔뜩 긴장한 가족에게 의사의 입을 빌린 신의 가혹한 선고가 내려졌다.

"남은 수명은 6개월입니다."

순간 아무것도 들리지도 보이지도 않았다. 바닥에 털썩 주저앉

앉지만 일어설 기운도 없고 그 많던 눈물조차 나오지 않았다.

첫 번째 수술할 때, 전광판 불은 다 꺼지고 모두 떠난 수술 대기실에서 생사를 알 수 없는 그를 기다리느라 혼자 공포에 떨고 있던 밤 12시. 수술실에서 중환자실로 옮기는 이동 침대에서 신음이 들렸다. 고통이 극심해서 나오는 엷은 그의 앓는 소리가 참 눈물 나도록 고마웠었다. 살아 나와서 감사했다.

두 번째 개복 수술 후 중환자실에서 집중치료를 받을 때 면회를 하러 갔더니 그가 말했다.

"이곳에 있으니 너무 좋아."

내일의 목숨을 기약할 수 없는 곳, 삶과 죽음이 혼재된 중환자실에서 몸은 아프지만 정신이 멀쩡한 사람이 있을 곳이 못 되는 곳을 좋다고 하다니…….

그 힘든 수술과 항암치료를 견디었지만 재발해서 또다시 가슴을 열어 수술한 건데 중환자실이 좋다고……. 면회 끝나고 나가는 내게 그는 크게 소리쳤다. 죽음의 정적이 그득한 중환자실에 울려 퍼지는 소리 "모임득 파이팅" 순간 당황했지만 나도 되돌아가서 그의 손을 잡고 외쳤다. "권혁준 파이팅" 서로 파이팅을 외치다가 내가 중환자실 문을 나설 때까지 그는 끝까지 파이팅을 외쳤다.

24시간 환자 곁에서 먹을 것 제대로 못 먹고 밤잠 못 자면서 병시중하다가, 자기가 중환자실에 있을 때면 내가 좀 편히 쉴 수 있겠다는 생각에서 중환자실이 좋다고, 더 있게 해 달라고 했던 그.

살아야겠다는 그의 강한 집념과 젊은 가장을 이렇게 허무하게 보낼 수 없는 가족들의 간절한 기도와 병간호는 그를 6개월 하고도 4년이라는 기간을 더 집에서 보내게 해주었다

쌓은 정이 많을수록 슬픔의 크기는 컸다. 생기지 않는 아이를 얻으려 그토록 전국을 같이 떠돌던 일, 뒤늦게 얻은 쌍둥이를 보고 환한 웃음을 지으며 좋아했었다. 그런 그는 떠났고 우리는 보냈다. 겨우 떠나간 곳이 본인의 의지로는 움직일 수도 없는 아주 작은 네모 공간이다. 이름 석 자와 'ㅇㅇ일 졸'이라는 글자를 가슴에 새기고.

늘어선 조화도 붉은 꽃물이 든 저녁나절, 목련공원 초입에 작고 낮게 세워진 봉분들, 사자를 지키는 것은 산 자가 아니라 울긋불긋한 조화이다. 봉분마다 생의 이력들이 같이 묻혀있다.

매장이 가능한 걸 진즉 알았으면 좋았을 텐데. 장례 날, 공원관리소에서 절차를 마치고 봉안당에 가보니 정해진 자리가 맨 꼭대기

에다 첫 번째였다. 가운데에 눈높이 정도면 좋았을 텐데 안타까웠다. 한편으로 생각해보니 유독 갑갑한 걸 싫어하고 겨울에도 맨발로 다닐 만큼 자유롭던 그에게는 오히려 딱 맞는 자리였다. 그가 머물러야 할 자리는 그리 결정되었다.

떠도는 혼령처럼 노을이 낮게 떠 있다. 망자를 보낸 유족들의 눈물일까 색깔이 더 붉다. 망자의 안식처라는 게 느껴지지 않을 만큼 목련공원은 깔끔하고 산뜻하다. 그게 오히려 더 서럽다. 죽은 이는 이 세상에 없는데 산 사람은 아무 일 없다는 듯 삶을 살아내야 한다는 게.

지금도 중환자실에 누워 "모임득 파이팅"을 외치던 그의 모습과 중환자실 문이 닫히던 그 순간이 겹쳐져 어느 영화의 한 장면처럼 정지되어 있다. 어쩌면 본인이 가고 난 뒤에 혼자서 아이들과 세상을 살아가다가 지칠 내게 외치는 응원의 목소리가 아니었을까.

머문 자리는 늘 추억이 있고 그립다. 더구나 가고 없는 이의 머문 자리는 가슴이 시리다. 보고 싶어도 볼 수 없고, 만지고 싶어도 만질 수 없는 이별은 언제나 서럽다. 그이의 마지막 머문 자리는 층층이 놓여 있는 사자의 잠자리, 함께한 추억은 없고 혼자서 외로이 있다.

그의 머문 자리를 보고 나오는 길, 허우룩한 마음을 바람 소리로 남편이 다독인다. "모임득 파이팅!"

소죽

막사에 들어선 이방인이 신기했던가. 여기저기서 바라보는 눈망울들. 기다란 속눈썹 아래로 커다란 눈과 마주쳤다. 자꾸만 바라보니 생김새도 다 다르다.

요즘은 스위치만 누르면 사료가 자동으로 내려오는 시스템이다. 알갱이 사료를 먹는 소를 보며 어릴 적 쇠죽 쑬 때가 생각난다.

해가 설핏해지면 사랑채 쇠죽가마에 물을 채운다. 주로 쌀뜨물과 설거지한 물을 넣었다. 여물로는 볏짚이나 콩깍지, 고구마 줄기, 때론 썩어가는 호박이나 벌레 먹은 콩, 약간 시어 버린 음식을 넣기도 했다.

중학교 때 십 리 길을 걸어 학교서 돌아오면 주로 보리쌀을 삶아 밥을 안쳤다. 하루는 밥도 하고 쇠죽도 쒀야 하니 마음이 바빴다. 부엌에 밥을 안쳐놓은 뒤 사랑채 솥에 물을 붓는데 갑자기 비명이 들렸다. 마당 한 귀퉁이를 바라보니 초등학교 다니는 남동생이 "내 손가락 내 손가락"을 외치며 풀섶을 헤치고 있다. 누나를 도와준다고 혼자 작두로 여물을 썬 모양이다.

작두는 여물을 먹이는 사람과 작두 자루에 발을 올리고 여물을 써는 사람 호흡이 잘 맞아야 한다. 자칫하면 손가락을 자르기 때문이다. 둘이 해도 위험한 일을 초등학생 혼자서 한 손은 여물을 넣고 한 손으로 작두를 내리다가 일이 벌어졌다.

아랫마을에서 일하는 어머니한테 한순간에 달음박질쳤다. 밭을 매던 어머니는 밭고랑을 뛰며 울부짖는 나를 보고 뱀에 물렸느냐고 소리쳤다.

어른들이 마당에 모여들어 서둘러 동생은 병원으로 갔고, 난 사랑채 방 한구석에서 떨고 있었다. 간간이 "인덕이가 그랬댜?" 하는 소리도 들렸다.

지금도 찬바람이 불면 손가락 한 마디가 없는 남동생은 손이 시리다고 한다. 끝내 풀섶에서 손가락을 찾지 못했던가. 난 무서워서 지금까지도 손가락의 행방을 묻지 못하고 미안한 마음만 가슴 가득 달고 산다. 밭에서 일할 때이고 풀을 먹이로 줄 때면 굳이 쇠죽을 안 쑤어도 될 것 같았는데 어쩌자고 가마솥에 물을 부었는지.

여름에는 학교 갔다 오면 쇠꼴을 먹이러 갔다. 풀이 많은 개울가나 논두렁에 소를 매어두었다. 친구들과 물장구치며 놀다가 장소를 바꾸어 주곤 하였다. 앞에 가던 소가 갑자기 쏴 하고 오줌을 눈다거나 똥을 한바탕 쌀 때면 양이 많기도 하여 기겁을 하였었다. 몇 번 당하고 나니 앞에 가던 소가 꼬리를 들면 볼일을 보려고 하는 행동이라서 얼른 피하는 요령도 생겼다.

어렸을 적에는 집마다 소를 길렀고 소가 큰 재산이었다. 쟁기 짊어진 소가 밭 갈고 논 갈며 농사일을 했고 새끼까지 낳으면 송아지 값도 만만치 않았다. 그러니 소가 으뜸이었고 한 가족이었다.

겨울이 되면 타작하고 쌓아놓은 볏짚으로 날마다 쇠죽을 쑤었다. 마지막에 쌀겨 한 바가지는 꼭 넣었다. 몽당비를 깔고 앉아 아궁이에 불을 지폈다. 깻단이나 볏짚을 태울 때면 짬이 안 나지만 장작이라도 아궁이에 넣은 날이면 부지깽이로 솥뚜껑을 두드리며 노래를 불러댔다. 무슨 노래인지는 잘 기억이 안 나지만 주로 트로트였다. 누가 보는 사람도 없으니 있는 대로 소리 지르며 부르다 보면 김이 올라온다, 그러면 뚜껑을 열고 낫처럼 구부러진 쇠죽 갈고리로 아래 위를 뒤집어 준다. 이때쯤이면 쇠죽을 다 쑤었다는 표시다.

소여물 삶는 구수한 냄새를 맡은 어미 소의 음매~ 소리가 들린다. 솥뚜껑을 덮고 한참 동안 뜸을 들인 후, 여물 바가지로 쇠죽을 대야에 퍼 담아 외양간에 있는 구유에 퍼다 주면 된다. 고맙다는 표시인지 커다란 눈을 끔벅이며 여물을 맛나게 먹은 소가 되새김질을 하는 모습을 보는 것도 좋았다.

비나 눈이 오는 날이면 쇠죽 끓이는 냄새가 그리울 때도 있다. 냄새가 향긋하다거나 좋은 건 아니었는데 특유의 냄새가 그리운 걸 보면 그때 그 어린 시절이 그리워서일 게다. 눈발이 간간이 날리는 날, 부엌에서 어머니가 저녁 짓는 소리가 들리고 난 사랑채 아궁이에 앉아 불을 때던 그 장면이 삽화처럼 기억되어 있다. 이따금 천방지축 마당을 뛰어다니는 송아지를 부르는 어미 소의 음매~ 소리도 있다.

치자꽃

　기억은 시공을 초월하여 불쑥 다가온다. 치자꽃 향기를 맡는 순간, 이십여 년 동안 잊고 지냈던 기억의 편린들이 새삼스럽게 떠오른다. 삼십 대 젊은 나이에 어린 아들과 투병 중이던 언니가 한 송이 치자꽃처럼 다가왔다.

　맑은 피부를 가졌던 그 언니 집에서 치자나무를 보기 전까지 치자꽃은 노란색인 줄 알았다. 치자 물들인 음식이 노란빛이라 꽃도 노란색일 것으로 생각했다. 향을 맡고 또 맡으며 재차 꽃 이름을 확인하였다. 유백색의 꽃향기가 참 좋았다.

언니는 폐암 말기 환자라고는 믿을 수 없을 정도로 항상 치자꽃 미소를 지었다. 비요일의 만남이라고 하여 비가 오는 날이면, 글동무 너덧 명이 약수터로 모였다. 동동주 한잔에 파전을 안주 삼아 빗소리 들으며 너스레를 떨었다. 찌개에 서로의 수저가 들락날락할 때면 시험관 아기 시술하러 병원에 다니던 나는 왠지 마음이 불편했다. 한번은 그런 내 마음을 눈치챘는지 일행 중 한 명이 그 언니가 먹다가 남긴 국물을 보란 듯이 벌컥벌컥 들이키기도 했었다.

임신에 성공해서 전화하였다. 자기 일 만큼이나 무척 반가워하는 언니. 내게 아기를 점지해 달라고 기도를 많이 했단다. 참 부끄러웠다. 한참 후에 내가 병간호를 할 때 생각해 보니 그 언니는 항암치료를 받고 나면 일주일 동안은 항암 후유증으로 투병하고, 그다음 일주일 컨디션이 그나마 좀 괜찮을 때 우리를 만난 거였다.

핏기없는 언니의 얼굴빛 같은 치자꽃은 불볕더위와 장맛비를 견디고도 여름이면 꽃을 피워낸다. 자신의 향기를 조금이라도 늦추지 않고자 꽃은 자기의 소임을 다하고 있음이다. 그런데도 빨리 시들어 오래가지 못하는 꽃이라 더 애달프다.

치자꽃은 칠월이 되면 여인네의 뽀얀 젖가슴처럼 흰 꽃이 절정을 이룬다. 그래서인지 치자꽃이 피면 이해인의 시가 떠오른다.

7월은 나에게/ 치자꽃 향기를 들고 옵니다// 하얗게 피었다가/ 질 때는 고요히/ 노란빛으로 떨어지는 꽃// 꽃은 지면서도/ 울지 않는 것처럼 보이지만/ 사실은 아무도 모르게/ 눈물 흘리는 것일 테지요.
―〈7월은 치자꽃 향기 속에〉 중에서

한여름 치자꽃 향기는 가슴을 설레게 한다. 치자의 달콤한 향기, 순결해 보이는 순백의 치자는 일랑일랑의 향기처럼 농염한 냄새가 난다. 첫날밤을 기다리는 신부 같은 꽃이다. 자스민 향기도 관능적이다. 치자꽃도 자스민의 한 종류이다. 코의 점막을 타고 퍼져가는 향은 감탄사가 절로 나오며 벌름거리게 한다.

치자꽃 꽃말은 청결, 순결, 행복, 한없는 즐거움이라 하는데, 난 순백색 꽃을 보면 그리움이 떠오른다. 청결하고 순결했던 언니는 폐암을 극복하지 못하고 갔다. 삼십 대 짧은 인생이 서러웠다. 잊고 지냈던 언니의 유고시집 〈들꽃을 보며〉를 꺼내 보았다. 초등학교 아들이 썼던 글에 눈길이 머문다. 이 세상에 엄마가 무지개 타고 오셔서 일 년만, 한 달만, 하루만이라도 오셨으면 좋겠다는 글을 보고 한참을 눈물 흘렸다. 그때 임신했던 우리 아이들이 스무 살이니 그 언니 아들은 투병하던 언니의 나이쯤 되었으리라.

하루만이라도 어머니가 오셨으면 좋겠다고 하는데, 부모하고 자식은 흐르는 세월이 27만 년이 지나야 만날 수 있는 인연이라고 한다. 누구나 각자 짊어져야 할 삶의 무게가 있다. 그 무게를 꿋꿋이 견디며 성장했을 언니의 아들도 치자꽃 향기를 좋아할까?

꽃은 여름이면 피어 치자꽃 내음 향기롭기만 한데, 이십 년 전에 간 언니는 추억 한 움큼 속에 있다. 품과 품 사이, 추억과 인생 사이에서 꽃향기로 머물러 있다.

어머니의 귀거래사

몇 달 만에 찾아온 고향 집이다. 모진 가뭄에도 불구하고 모과가 많이 달렸다. 주인이야 바뀌든 말든 나무는 여전히 아무 일도 없다는 듯 서 있다. 나무에 눈길을 주는 사람이 분명히 다르고, 나무 아래를 지나치던 발자국도 다를 텐데.

어머니를 휠체어에 태우고 이제는 남의 집이 된 문밖에서 쭈뼛

거란다. 마당에 심은 푸성귀와 양철 지붕 위로 삐죽 올라온 감나무, 한곳에 머물러 있는 절구통도 그대로다.

어제와 그제의 햇살이 다르고, 오늘과 어제의 햇살이 다르다. 여태 이 집에서의 시간은 저마다 달랐을 텐데, 다른 사람에게 집을 팔고 처음 바라본 집은 다른 시간과 햇살 속에 머물러 있는 것 같다. 어쩌면 어린 시절의 추억을 고스란히 담고 있는 이 집만큼은 그 시공 속에 머물기를 소망해서일 터이다.

시집오는 날, 문틈으로 아버지를 처음 보았다는 어머니. 자식 여섯을 낳고 키운 집이다. 초가에서 슬레이트, 기와를 거쳐 양철지붕으로 바뀌기까지 60년이 흘렀다.

땅을 일궈 농사지으며 열심히 앞만 보고 살아왔다. 아버지를 여의고 홀로 산 지 20여 년. 어머니가 어렸을 적 살았던 집은 기억 속에서 사라지고 '집에 가고 싶다.'고 노래 부르는 집은 60여 년 동안 남편과 자식들과 부대끼며 살아온 모과나무집이다.

어머니는 대지랭이 집에서 넘어지셨다. 뼈가 부러진 건 아닌데 못 걸어서 입원한 뒤로, 정말 며칠만 병원 신세 지면 갈 줄 알았던 집으로 육 년째 못가고 있다. 가지 치듯 해가 갈수록 늘어나는 병명에 이제 지칠 듯도 한데, "나 집에 갈래." 어머니의 귀거래사는 날마다 진행형이다.

긴 요양병원 생활로 건강이 더 나빠져 종합병원에 입원했을 때다. 살이 빠져 수척해진 얼굴로 잠들었던 어머니가 인기척에 깨셨다.

"아이고 내가 여기 있는지 어떻게 알고 왔어요?"

난 애써 웃으며 "엄마, 얌전히 계시면 어디 계신지 다 알고 내가 이렇게 오지."

어머니는 기쁜 표정을 지으며 "차 가지고 오셨어요, 나 대지랭이 가야 하는데, 나 좀 태워다 줘요." 오늘은 바빠서 갈 수 없다고 하자 시무룩한 표정을 짓던 어머니는 마침 병실에 들어 온 간호사에게 "차 있어요, 나 좀 태워다 줘요." 하신다.

정신이 들었을 때는 자식들 걱정할까 봐 아무 말씀을 안 해도 과거 속의 당신 세상에 가 있을 때는 집에 데려다 달라며 보채신다.

삶의 편린들을 잊은 상태인데도 왜 집에 간다고 늘 말씀하실까. 신산한 기억일지라도 고향이란 말을 들으면 마음이 아늑해져서일까. 자신이 태어나고 자란 고향을 그리워하고 돌아가고자 하는 회귀본능이 기억 속에 각인되어 있다가 무의식 속에 나오는 것이 아닐까.

늙는다는 것은 슬프고 서러운 일이다. 어머니에게도 소녀 시절이 있었고, 자식들 먹여 살리려 억척같이 살았을 젊은 날이 분명 있을 텐데, 8인 병실에서 집에 간다고 보채는 모습이 안타깝고 서글프다.

원하든 원치 않던 어머니의 시간은 조금씩 무너져 내리고 그런 모습을 지켜보는 가족 또한 무기력하게 무너지고 있다.

가끔 요양병원을 찾아가면 병원 밥이 나올 때 같이 먹자는 것과, 맛있는 거 사드시라고 서랍에 넣어둔 돈 몇 푼으로 음식을 시켜 자식 입으로 들어가게 해주는 것이 당신이 해줄 수 있는 사랑이다.

다리를 시작으로 위로 서서히 굳어가는 어머니를 바라보는 자식들은 보고 싶은 것만 보려는 것과 외면하고픈 것이 공존한다. 보이는 것과 보이지 않는 것이 만들어내는 시간 속에서 외면하고 싶어 하는 것들이 점점 자기 합리화를 시킨다. 어쩌면 그래야 부모를 요양병원에 맡겨둔 자식들이 마음의 가책 없이 살 수 있는 방편일 수도 있다.

어느 날은 어머니가 '내가 너희 여섯을 키웠는데, 너희는 여섯이나 하나 간수 못 해 요양병원에 데려다 놓았냐고 말씀하셨단 소리를 듣고 한동안 잠을 이루지 못한 적이 있다.

무심하게 흘러가는 시간 속에 나 역시 언제인가 늙고 병들어 어머니처럼 요양병원에서 자식에게 부담을 줄 수도 있는데도 나하고는 전혀 상관없는 일처럼 느낀다.

가을을 향해 달려가는 나무의 그림자가 오늘은 조금 더 기울어졌다. 어디선가 삶의 길을 잃는 소리가 들린다.

오늘 외출로 어머니의 귀거래사는 몇 달간은 말씀 안 하시겠지. 무심한 모과나무 아래서 요양병원으로 휠체어를 돌린다.

잡채 그리고 그리움

 가끔 마음이 허기질 때가 있다. 그럴 때는 어릴 적 어머니가 해 주시던 음식이 그립다. 산해진미가 있어도 허허로운 마음이 채워지지 않을 때면 더욱 그러하다.
 비 오는 날 화덕 위에 올려진 솥뚜껑에 기름 두르고 댕강 자른 무로 기름을 퍼주면 들려오는 찌지직 소리. 그 위에 오른 음식은 어떤 부침이어도 맛있을 수밖에 없다. 자박자박 내리는 빗소리. 들기름과 콩기름이 섞인 종지에서 한 수저 떠 올려 두르는 기름 소리와 따다닥 불 지피는 소리가 그립다.

일정한 리듬을 타는 칼 소리가 아니다. 툭탁툭탁 불규칙하게 들리는 소리는 남성의 칼 소리이다. 요즘 한창 유행인 젊은 남성 셰프와는 거리가 멀다. 55세 이상만 배울 수 있는 금빛 요리 교실이다. 수강생이 덜 찼다는 지인 요리 강사의 권유로 참석하고 놀랐다. 머리가 희끗희끗한 남자가 절반이나 되었다. 은퇴 후 제2막을 준비하며 가족에게 건강한 한 끼를 대접하고 싶은 마음으로 열심이다.

오늘의 요리는 잡채다. 강사는 당근, 시금치 다듬는 법, 양파 써는 법 등을 자세히 그리고 천천히 설명한다. 다른 요리 교실보다 요리 실습은 느리게 진행된다. 요리 고수들을 위한 강습이 아니고 간단한 식자재를 이용해 스스로 한 끼 식사를 챙겨 먹을 수 있게 돕는 프로그램이라 그렇다.

대충대충 만드는 나에 비해 같은 모둠에 계신 남자 선생님은 재료를 다듬어 썰고 볶는 속도가 참 빠르다. 요리가 재미있단다. 아내가 많이 아픈 뒤로 요리를 안 하려 해서 퇴직 후 요리한 지는 삼

년이 되었지만 제대로 배우고 싶어서 왔단다.

옆 모둠의 남자분은 진짜 초보인가 보다. 오늘도 "이 고추는 왜 이렇게 커요?" 빨간 파프리카를 채 썰면서 질문을 한다. 일주일에 한 번 요리 교실이 열리는데 매번 궁금했던 것을 쭉 적어 와 여쭤보고 현장에서 궁금한 것도 질문하신다. 74세이며 부인이 계신단다. 수강생 중에는 혼자가 되신 분도 몇 분이 있다.

한 아내의 남편으로서 아이들의 아버지로서 그동안 밖에서 돈 버는 일에만 몰두하며 살았다. 하물며 남자가 부엌에 들어가면 고추 떨어진다는 소리를 들으며 자란 세대가 아니던가. 요리와 담쌓고 살던 사이 세월은 유수처럼 흘러 세 끼를 챙겨주던 아내도 이제 곁에 없다. 혼자 챙겨 먹는 식사가 다반사니 반찬이 오죽하랴.

요리 교실을 거쳐 간 수강생 중에 혼자 사시는 분이 계셨단다. 결혼한 아들에게 한 달에 한 번 와서 같이 자자고 했다. 며느리가 아들과 오기는 하는데 늘 입이 나와 있다고, 오기 싫은 게 느껴진다고 요리 강사한테 도움을 요청했단다.

요리 강사가 알려준 대로 불고기 케밥을 해 놓고 커피를 타서 늦잠 자는 며느리가 일어나기를 기다려 말을 했다.

"며늘아기야 우리 브런치 할까?" 예쁜 그릇에 담긴 케밥과 커피를 보고 놀란 며느리. 그 후 며느리가 올 날이 가까워져 오면 한 달 동안 배운 요리 중에 먹고 싶은 게 뭐냐고 여쭈어본단다. 시아버지가 해준 맛 난 요리를 먹은 며느리는 그날 이후 먼저 전화해서 이번 주는 뭐 배우셨냐고 여쭈어본다고 한다.

누군가에게 정성이 듬뿍 담긴 한 끼 밥상을 받아 본 적이 있는가. 더구나 그 밥상을 시아버지에게 받았다면 자칫 귀찮을 시댁 나들이가 음식으로 인해 소통되고 가족 간의 정이 돈독해지리라. 요리가 가족과 가까워질 수 있는 매개체의 역할을 독특히 한 셈이다.

준비된 육수로 양파, 파프리카, 느타리버섯을 볶아내며 이야기꽃을 피운다. 당면 소고기 표고버섯을 볶듯 갖가지 이야기들이 섞여진다. 여러 재료를 한데 섞으니 잡채의 모양새를 갖추면서 맛도 상승효과를 낸다. 잡채를 버무리듯 요리를 통해 사람들과 교감한다. 한 가지 재료로는 잡채 맛을 내지 못하듯이 나 혼자 살아가기 힘든 세상이다. 너와 나, 이웃이 있고 사회가 있는 모둠 살이 하는 존재이다. 몸과 마음이 건강해지는 밥상으로 가족 간의 소통도 자연히 이루어진다.

요리는 소통과 치유이다. 비 오는 날 잡채를 만들며 부모님의 소중한 기억 한 움큼 불러내니 마음이 평온해졌다. 그리움도 한 움큼 담아 잡채 위에 고명으로 얹는다.

개망초

앙증맞은 텃밭이다. 가지, 풋고추, 방울토마토가 탐스럽고 양배추와 갖가지 푸성귀들이 다붓다붓 자라고 있다.

오늘 봉사하는 고등학생들이 할 일은 잡초를 뽑는 일이다. 기말고사를 숨 가쁘게 치르고 일 년에 두 번 하는 봉사활동이다. 기숙사에만 있던 아이들이 딱해 바깥공기라도 쏘이라고 교외로 봉사 장소를 정했지만, 공부에 지친 아이들은 차 안에서 잠만 잤다.

　여기는 대안학교이다. 장애 학생들이 공부하는 곳이라 밭을 가꾸기에는 벅찰 것 같았다. 교장 선생님은 텃밭 가장자리에 무성한 개망초는 내버려 두라고 말씀하셨다. 그러고 보니 밭 대부분은 개망초가 다 점령을 하고 가운데만 겨우 잡초를 제거한 꼴이다.

　공부만 했던 아이들은 개망초를 몰랐다.

　"꼭 계란 프라이를 해 놓은 것 같지 않니? 그래서 계란 꽃이라고도 해." 상기된 채 꽃에 관해 설명하지만 통 관심이 없다.

　비가 온 뒤끝이라 잡초는 잘 뽑혔지만, 뿌리에 붙어있는 큰 흙덩이를 아이들은 조금씩 손으로 떼어 내고 있다. 햇볕이 더 뜨겁기 전에 얼른 정해진 분량의 잡초를 제거해야 하는데, 속이 타는 것은 인솔자인 나뿐이다.

　나물로도 먹는 개망초를 누가 잡초라고 했을까. 잡초란 인간이 원하지 않는 곳에서 자라는 식물일 뿐이다. 만일 원하지 않은 곳에서 원하는 곳으로 옮겨준다면 그것은 잡초를 나물이나 약초로 바꿔주는 일이 될 것이다.

　토킬의 '민들레 모델'이 생각난다. 자폐를 장애로 바라보는 시각에서 차별화된 경쟁력으로 주목하는 사고의 전환. 토킬은 자폐인들이 가장 잘 할 수 있는 위치로 옮겨주는 이 여정을 '민들레 모델'이라고 하였다.

이곳 대안학교 학생들도 보면 어떤 영역에서는 부족할지 몰라도 특정 영역에서는 천재일 수도 있다. 아스퍼거 중후군, 서번트 중후군, 자폐 등이 있는 학생들에게 음악이나 그림 같은 예술적 능력을 키워주면, 그 분야에서는 타의 추종을 불허한다. 일상에서 관계와 소통에 어려움을 겪는 아이들을 기술적 기량으로 키워주는 일이 이곳 대안학교에서 하는 일이다. 헌신과 봉사로 최선을 다하는 교장 선생님을 예전부터 보아 왔기 때문에 고등학생인 아들의 봉사활동도 이곳으로 자주 왔었다.

개망초는 그 매력이 은근하다. 수수하면서도 곱다. 망초꽃이 지천인 밭에 바람이 선들거리면, 그 바람결을 타고 춤을 춘다.

장미 같은 화려함이나 산언저리에 핀 산국처럼 진한 향은 없지만, 바람에 건들거리는 모습을 보면, 나 여기 있다고 나직한 목소리로 노래하는 것 같다. 똑같은 교복과 짧은 머리를 한 여러 학생 중에서 스펙 좋고, 공부 잘하고, 배경 좋아서 눈에 띄는 학생이 아니다. 고만

고만한 집에서 태어나 밤잠 안 자고 혼자 부지런히 공부밖에 할 줄 모르는, 있는 듯 없는 듯 눈에 띄지 않는 내 아이와 같은 꽃이다.

배경 좋은 아버지면 그것으로 족하다. 굳이 어머니가 뭐 하는지 잘 묻지 않는다. 그러나 어머니가 일하면, 아빠는 뭐 하는지가 궁금한 사회이다. 그래서 종종 난처한 경우가 있다.

아이가 어떤 장점이 있고 어떤 일에 탁월한 능력이 있는가보다 부모가 어떤 사람이고, 어떤 학교를 나왔는지가 더 우선시됨으로써 초반부터 균등한 기회가 주어지질 않는 것이다.

같은 흰 색깔 꽃이라고 똑같은 꽃이 아니다. 비닐하우스에서 온도와 습도 맞추어 애지중지 길러낸 안개꽃과 조그만 틈만 있어도 비집고 꽃대 올려야 하는 망초꽃하고는 성장의 과정부터가 다른 것이다.

설렁설렁 풀을 뽑던 아이들에게 달팽이가 잡혔다. 신기한 구경거리다. 예전에는 노력만 하면 개천에서도 용이 날 수 있었다. 저 아이들은 몇 배 노력을 해도 들어갈 문은 좁고도 좁다. 그러니 열심히 하는 공부는 기본이고, 자신의 잠재능력을 키우기보다는 봉사활동 등 다양한 스펙을 쌓는데 대부분의 시간을 할애한다. 화려한 스펙을 요구하는 현실이니 안타깝지만 바라볼 수밖에 없다. 기왕 해야 한다면, 단순히 스펙을 위한 활동보다는 장기적인 관점에서 무엇이 진정으로 자신을 위한 것인지를 파악하고, 자신을 다듬어가는 과정이 되길 바랄 뿐이다.

부족한 부모를 원망하지 않고 주어진 일에 최선을 다하는 아들처럼, 열악한 환경을 탓하지 않고 적응하며 꽃을 피우는 개망초를 보고 있자니 마음이 애잔해진다.

개망초꽃은 두 해만 살다가는 꽃이다. 작고 존재감 없는 소박한 꽃이어서 눈에 띄지도 않는다. 버려진 땅에, 희망을 놓아버린 땅에 지천으로 피어 다른 희망의 모습을 만든다.

부모가 좀 부족하고 스펙이 많지 않아도, 열심히 공부하고 땀 흘리다 보면 제 능력을 발휘할 날이 올 것이다. 개망초의 꽃말처럼 가까이 있는 사람은 행복하게 해 주고, 멀리 있는 사람들마저도 가까이 다가오게 할 수 있으리라.

어느새 텃밭이 환해졌다. 밭 가장자리에 흐드러지게 핀 개망초도 환해졌다.

기름 두 방울

새해가 밝았다. 수능을 치르고 대학 새내기가 되려는 아이들은 긴 기다림의 시간이 끝나고 선택을 기다리고 있다. 수시로 대학합격이 정해져 어느 대학을 선택해야 하는 행복한 고민에 빠진 아이도, 애타게 추가합격을 기다리던 아이도 선택은 이미 정해져 있으리라. 이제는 정시다. 복잡한 입시 자료를 검토해 보고 떨리는 마음으로 서류를 낼 때이다. 고3 부모가 되기 전에는 수능이 끝나면 입시가 끝나는 줄 알았다. 하지만 수능을 치르고 나니 새로운 시작이 기다리고 있었다.

수시 원서 6장과 과학기술원에 원서를 넣었다. 고맙게도 1차에 합격이 되어 광주, 울산, 서울, 대전으로 면접을 보러 다녔다. 면접도 제시문 면접이라 수학, 물리, 영어를 공부해야 했다. 사상 초유로 일주일 연기된 수능을 치렀건만 아들은 면접 준비로 쉴 틈이 없었다.

입시는 인생에서 선택과 집중의 싸움이다. 대학 선택과 진로 결정에서 누구의 선택이 옳았고 누가 더 많이 집중했는지가 승패를 가른다. 이것저것 다 잘하려고 하다가 지치기만 하고 모두 놓칠 수 있다. 짧은 시간에 어떤 공부를 해야 할지 판단을 해야 한다.

아들이 전국으로 면접을 다니는 동안 운전을 해서 같이 가기도 하고 교통편 알아보는 것도 내 몫이었다. 아들을 면접실에 들여보내 놓고도 좌불안석이다. 면접대기실이 있지만 애타는 부모는 앉아서 기다릴 수가 없다. 굳게 닫힌 면접실 문 앞에서 추위는 아랑곳없이 한 시간이고 두 시간이고 오직 내 자식이 떨지 않고 면접 잘 보기만을 기도하며 서 있다.

초중고 12년 무엇을 위해 한무릎공부를 하였던가. 오로지 대학을 가기 위해서 한눈팔지 않고 달려온 아이들의 시간을 알기에 간절함이 더해진다. 내 아이가 한국에서 최고라고 하는 이 대학에 가기 위해 어떻게 공부하고 활동했는지 그 누구보다 잘 아는 부모들이기에 간절함이 가득 배어있다. 그런 면접을 보고 합격자 발표를 기다리며 궁싯거리던 날들이기에 결과는 받아들이기 힘들었다.

실망하고 있을 아들에게 이야기해 주고 싶었다. '대학이 인생의 전부는 아니야. 어느 학교인지가 너를 말해주는 것이 아니라, 네가 어떤 사람인지가 너의 학교를 말해주는 것이라고.'

그러면서 닫힌 문에 좌절하거나 포기하지 않고 새로운 문을 향해 노력하다 보면 길이 열린다고 이야기해 주고 싶지만, 내색하지 않고 최대한 버티고 있는 아이에게 말을 아꼈다. 무너지는 나의 마음을 행여 아들에게 들킬세라 나 역시 언행을 절제했다.

파울로 코엘료의 《연금술사》에서 "행복의 비밀은 이 세상 모든 아름다움을 보는 것, 그리고 동시에 숟가락 속에 담긴 기름 두 방울을 잊지 않는데 있도다."라고 말했다. 저마다 지닌 '기름 두 방울'의 의미는 다를 것이다.

고통이 없다면 진정한 행복의 의미를 알 수 없다. 불합격이라는 시련이 있기에 현재 선택한 대학이 더 소중할 테다. 대학 간판에 마음이 쏠려 숟가락 속에 기름이라는 큰 꿈을 잊은 건 아닌지, 숟가락의 기름만 생각하느라 지금 이 순간 느껴야 하는 열아홉 살의 아름다움을 놓치지 않았으면 싶다. 자신이 맡은 것은 소홀히 하지 않으면서도 모든 것을 소중히 생각하는 마음, 기름 두 방울을 기억하면서 살아갈 줄 아는 지혜가 필요할 때이다.

육아회

스치는 바람결에 단내가 납니다. 꽃을 피워 올릴 훈풍입니다. 2월이 짧은 것은 봄을 빨리 맞이하고 싶어서라지요. 마치 한 해의 시작인 듯 3월의 초입은 두근거림이 있습니다.

    대학 새내기가 된 쌍둥이가 입학에 이어 개강을 했습니다. 이제는 고등학생 때와 달리 취향대로 머리 모양도 하고 입고 싶은 옷을 골라 입으며 그 시기에 누려야 할 캠퍼스의 낭만을 맘껏 즐길 테지요.

아침 풍경도 달라졌습니다. 졸린 눈 비비며 버겁게 등교 준비를 하던 고등학생이 아니라 거울 앞에서 헤어드라이어로 조금 더 예쁘게 하려고 애쓰는 딸을 보며 저 역시 달뜨게 됩니다. 어찌 보면 가장 걱정이 없는 시기이고 즐기는 자유로움에 비해 책임이 덜 따르는 때일 것 같습니다.

저 상큼하고 신선한 모습을 혼자 보기 아깝습니다. 아이 아빠가 잠들어 있는 목련공원에서도 저런 모습이 보일까요? 아이들 대학 가는 것을 참 많이 보고 싶어 했습니다. 그때까지만 살게 해 달라고 애원했지만, 무엇이 그리 급한지 중학교 졸업식도 못 보게 데려 갔습니다.

눈 감는 순간까지 대학등록금 걱정을 했습니다. '육인회'가 있습니다. 그이 직장 친구들 모임입니다. 투병 중에도 등록금을 걱정하는 것을 봐 왔던 '육인회'에서 우리 아이들 대학등록금에 보태려고 삼 년 만기 적금을 들었다는 소식을 들었습니다. 참된 우정을 그들에게서 봤습니다.

엊그제 갈빗집에서 쌍둥이와 만남이 있었습니다. 그이가 없어도 '육인회' 명칭을 그대로 사용하는 친구들이 쌍둥이의 입학 축하

덕담과 함께 등록금에 보태라고 봉투를 내밀었습니다. 목울대가 뻐근했습니다. 아이들 아빠가 보태는 등록금이려니 생각하고 받아 들었는데 금액이 좀 컸습니다. 집으로 돌아오는 내내 저나 아이들 말은 없어도 다 한마음이었을 겁니다.

국공립대학은 등록금이 비교적 저렴하지만 사립대학은 부담이 될 수밖에 없습니다. 특히 의대나 이공계, 예술계열 학생들의 경우라면 더더욱 그러하지요. 원서를 쓸 때 되도록 국립대를 쓰려고 노력하지만 입시가 어디 마음대로 따라주던가요.

예전에는 시골에 계신 부모님이 날마다 쇠죽 쑤어 기르던 소를 팔아서 부쳐주신 등록금으로 대학을 많이 다녔습니다. 소의 뼈들이 그득그득 쌓여있다고 대학을 우골탑이라고 불렀지요. 그 시절이나 지금이나 등록금은 부모에게는 큰 부담입니다.

좋은 대학을 나왔다고 해서 선호하는 직장에 취업하는 것도 아니고 성적이 우수하다 해서 반드시 인재라고 할 수도 없습니다. 하지만 좋은 대학에 들어가기 위해 여태껏 치열하게 경쟁하였습니다. 이제는 선택한 전공 분야의 공부를 더욱 파고들어 그 분야의 전문가가 되기 위해 노력하고 폭넓은 교양을 쌓는 지식인이 되기 위한 문턱에 들어섰습니다.

똑같은 장애물 앞에서도 누군가는 뛰어넘지만, 또 다른 사람은 장애물에 걸려 넘어지고 말지요. 그럼에도 다시 도전하는 것이 젊음이고 인생입니다. 봄날의 따스함과 생명력이 넘치는 곳이 3월의 대학가일 겁니다. 행복한 삶을 꿈꾸며 그 꿈을 실현하기 위해 피나는 노력을 하겠지요. 아이들에게 말합니다. '육인회' 같은 친구를 사귀라고요.

새로운 마음으로 대학에 입학하는 아이들의 가슴엔 누구보다 빨리 봄이 찾아와 꽃을 피울 것입니다. 새내기들로 가득한 대학교에 연분홍 봄빛이 깊어갑니다.

부채 바람

한 달 넘게 이어지는 장마에도 7월의 햇볕은 이름값을 한다. 한낮의 열기가 밤이 되어도 사그라질 줄 모른다.

마당을 서성이며 땀을 식혀줄 시원한 한줄기 바람을 기대하지만 겨우 나뭇잎을 뒤척일 정도이다. 그나마 언덕 위에 늘어선 은사시나무 잎사귀의 살랑거림이 시각적으로 시원함을 안겨준다. 살짝 잎을 흔드는 다른 나뭇잎에 비해 은사시의 나풀거림은 휘황찬란한 무대조명 아래 빠르고 경쾌한 리듬에 맞춰 흔드는 현란한 춤사위다.

부채라는 말은 손으로 부쳐서 바람을 일으킨다는 뜻의 '부'와 가는 대나무 또는 도구라는 뜻인 '채'자가 이루어진 순수한 우리말로서 '손으로 부쳐서 바람을 일으키는 채'라는 뜻이라고 한다.

내 손에 한지로 곱게 발라진 단선이 있다. 공예관에서 부채에 그림을 그려 넣는 행사를 하였다. 휴대하기 편한 접선이었으면 했는데 둥그런 부채밖에 없었다. 이를 단선이라고 하는데, '둥글부채'라고 한단다. 솜씨가 없으니 직접 그리는 건 엄두를 못 내고 신사임당의 그림을 모사하였다. '수박과 들쥐', '원추리와 개구리', '여뀌와 사마귀' 등 여러 초충도 중에서 '양귀비꽃과 도마뱀'을 선택했다.

책을 보고 따라 그리기도 쉽지 않다. 양귀비꽃의 주황색과 달개비꽃의 군청색이 조화롭게 그려진 원본에 비해 색상도 색상이거니와 꽃의 구별이 안 된다. 도마뱀도 좀 작게 그린 것 같고, 패랭이꽃의 섬세한 꽃잎도 두루뭉술하다. 그래도 부채에 사인하고 무더위에 부친다.

부채질 한 번이면 선면扇面이 커서 바람도 제법 인다. 초록빛 들길을 걸으며 부채질을 하니 신선이 따로 없다. 그 옛날 양반이 이렇듯 호사를 누렸던가.

냉방시설이 변변치 않은 어릴 적에 밤이면 마당에 멍석을 깔았다. 낮에 베어다 놓은 풀로 불을 지피고 향이 강한 쑥을 덮어 모깃불을 피웠다. 마당 가득 연기가 퍼지면 모기는 도망갔지만 매워서 콜록대면 어머니는 부채로 연기를 날려 보내시기도 하셨다. 모깃불이 진정되면 풋풋한 내음에 눈을 감고 누웠다. 까만 하늘엔 별이 반짝였고 별을 헤던 아이는 어머니의 시원한 부채질에 그만 꿈나라로 날아가곤 했었다.

지금이야 쓰임이 많이 줄었지만 선풍기가 나오기 전만 해도 더위는 부채에 의존했다. 밭일하다 부채를 깔고 앉아 새참을 먹고, 방 소제하다가 쓰레받기를 대신하기도 했다. 그럴 때의 부채는 대부분 읍내 종묘사에서 나눠준 오이, 고추, 열무가 그려진 부채였다.

여덟 가지 덕을 본다는 팔덕선八德扇도 있다. 부채를 부쳐 바람을 일으키고, 파리와 모기들을 쫓고, 덮개로도 쓰며, 햇빛을 가리고, 불 피울 때 바람을 일으키며, 들에서는 앉는 깔판으로 쓰고, 청소할 때 쓰레받기 대용이고, 물건을 머리에 이고 갈 때 똬리 대신으로 사용할 수 있다는 것이다.

여덟 가지 쓸모 있는 사람은 못될지라도 무덥고 짜증 나는 이 여름에 나도 누군가에게 시원한 바람이 되고 싶다. 멋을 아는 이의 손에 쥐어지는 시나 그림이 그려진 부채가 호사라면 밭이랑에서 뒹굴다가 엉덩이에 깔리는 고추씨를 선전하는 부채라도 좋다.

은사시나무 잎사귀처럼 자연스럽고, 양귀비꽃이 그려진 둥글부채처럼 서툴더라도 정성이 듬뿍 들어있다면 무엇을 더 바랄까.

마당에 누워서 어머니가 부쳐주던 시원한 부채 바람이 그리운 밤이다.

part__3

먹을 갈다 • 주판의 추억 • 멸치•제사 • 옥수수 • 영천 가는 길
삼신바위와 솟대 • 겨울연가 • 나비부인(Madama Butterfly)

먹을 갈다

천년을 묵은 빛이다. 무덤에서 발견되었다는 먹, 선명하게 남은 단산오丹山鳥자 밑에 한 일一자의 획만 보이는데 이는 옥玉의 첫 획으로 먹을 갈아 사용하고 남은 부분이리라.

국립 청주박물관에 전시되고 있는 단산오옥은 우리 전통 먹의 특징을 잘 보여준다. 단산오옥으로 쓴 글이나 그림은 오래될수록 검고 빛이 바래지 않아 더 깊은 맛이 난다고 한다. 출토 당시의 사진 앞에서 한참을 서 있었다. 먹은 사용했을 선비의 머리맡에 두 동강 난 상태로 있었다. 1998년 청주 동부우회도로 건설구간인 명암동 유적에서 발견된 목관묘에서 나왔으며 현재 전해지는 고려 시대 먹 중 가장 오래된 것이다.

가장 좋은 먹을 단산오옥이라고 한단다. 앞면의 가장자리에는 물결무늬가 중첩돼 있고 뒷면에는 우아한 곡선으로 용이 승천하는 모습을 표현한 비룡문이 새겨져 있다. 고려 시대로 추정되어 보물로 지정된 먹은 멋스럽기도 하거니와 먹을 만든 장인의 숨결도 느껴진다.

'천년의 먹 향기 단산오옥전'을 보고 귀가해 장식장에 보관된 연적을 꺼냈다. 연꽃 봉우리 같은 몸체, 두 가닥의 연 줄기를 꼰 모양의 손잡이, 연잎을 말아 붙인 모양의 귀때가 있다. 몽우리 아래에는 작은 구멍이 뚫려있어 귀때와 함께 연적 구실을 하게 되어 있다. 아쉽게도 물 따르는 부리는 깨어졌다. 언제부터 이 연적이 우리 집에 있었는지 기억에 없다.

평생 농사를 지으셨지만, 서당 훈장을 하면 딱 어울리셨을 시아버님. 성성한 머리칼, 굴곡진 이마, 거칠어진 손이지만 틈나면 붓글씨를 쓰고 고서古書를 즐겨 읽으셨다. 이 연적도 문방사우와 더불어 소반이나 책상 위에서 고졸한 멋을 풍기며 늘 아버님과 함께했을 것이다.

선비 같으신 시아버님을 존경하고 많이 의지했었는데 왜 소원疏遠해졌을까? 아마도 청천벽력 같은 남편의 진단 결과가 나오면서 그리된 것 같다. 신혼 때는 아버님과 편지를 주고받으며 도타운 정을 나누며 지내었고 시부모님은 맏며느리를 많이 의지하신다고 믿으며 20여 년 동안 살았었다.

하루가 다르게 까라지는 남편을 보며 시어머님은 울기만 하셨고 아버님은 묵언 수행 중인 스님처럼 아무 말씀도 없으셨다. 나와 우리 아이들이 투병 중인 가장을 보며 아픔을 견디듯 시부모님의 가슴도 피멍이 들 거라고 스스로 이해했다. 5년의 투병에 지친 남편은 서둘러 가족 곁을 떠났고, 상속 문제로 시어른의 인감증명서가 필요해 말씀드렸더니 거절을 하셨다.

우리네 세상에는 숱한 느낌표가 있다. 먹을 간 벼루에 똑같이 붓으로 먹물을 묻혔는데도 사랑이라고 쓰면 사랑이란 글이 되고, 미움이라고 쓰면 미움이 된다. 사랑이라고 쓰는 이의 얼굴은 평온할 테고 미움이라 쓰는 이는 그렇지 않으리라.

연적에 물을 담았다. 한 손에 쥘 만한 알맞은 크기이다. 내친김에 벼루에 물을 따랐다. 몽우리 진 연꽃 모양의 연적 귀때로 물이 순하게 떨어진다. 먹을 갈 때는 마음을 다잡아 갈아야 한다. 벼루에 물을 적게 따르면 먹이 잘 갈리지 않고, 너무 많이 따르면 먹 갈기가 조심스럽고 먹물도 흐려 붓글씨 쓰기에 적합하지 않다.

먹을 조금 갈았는데 팔이 아프고 호흡이 고르지 않다. 마음이 흔들리고 있음이다. 다시 손끝으로 전해지는 미세한 마찰에 집중한다. 먹을 가는 일은 어쩌면 마음을 다스리는 일이 아닐까 생각해 본다. 먹 향이 진하게 우러나오려면 장시간 갈아야 한다.

갈아진 먹물을 붓에 충분히 묻힌 다음 붓을 벼루에 훑어 먹물이 떨어지지 않게 한 다음 서툴지만 글을 써본다. 붓끝에 먹물이 스밀 때의 느낌, 화선지 위에 스미는 먹물의 기운을 참 오랫동안 잊고 살았다.

먹은 벼루에서 갈린다. 자신을 없애면서 글씨와 그림을 그리게 한다. 어찌 보면 자신을 희생해가며 자식에게 최선을 다하는 부모님과도 같다. 나 역시 자식을 키우는 어미로서 자식을 잃은 부모의 마음을 어찌 헤아릴 텐가.

연적의 물을 벼루에 따라본다. 뚫어진 공기구멍이 있어 물은 순하게 흘러내린다. 자신을 갈아 글씨를 낳은 먹처럼, 뼈 빠지게 한평생 농사를 지어 자식을 길러낸 시아버님처럼, 소임을 하다 귀때부리가 깨진 연적처럼, 그렇게 한 생애 살아가는 거라고, 마음을 넓혀 더 이해하라고, 고려 시대 먹, 단산오옥이 내게 일러주는 것 같다.

주판의 추억

무심코 서랍을 열었는데 주판이 손에 잡혔다. '어 이게 여태 있었네?' 고등학교 때 쓰던 거면 몇 년이나 지난 건지. 타닥타닥 주판알 튕기던 소리가 새삼 그립다.

시골에서 아무 준비 없이 편한 마음으로 있다가 도시에 있는 상업고등학교에 입학했다. 이미 다른 아이들은 주산을 놓고 있는 게 아닌가. 주판은 상업학교 학생들의 문방사우였다. 장방형의 네 변을 나무로 만들고 중간에 가로로 나뭇가지를 두어 상하로 나누는데, 우리는 아래알이 4개인 주판을 사용하였다. 주판은 셈을 하는 데 이용하며 이것으로 셈을 하는 것을 주산 혹은 주판셈이라고 한다. 마음이 급해진 나는 주산, 부기, 타자 수업에 집중했다.

한 학기가 끝날 무렵 호산呼算시간이었다. 선생님이 불러주는 수를 듣고 주판에 놓아 셈을 하는 시간. '떨고' 하시자 주판을 기울여 모든 알맹이를 아래쪽으로 떨어뜨리면 여기저기서 차르륵 차르륵 소리가 났다. '놓기를' 하면 가름대 위의 주판알을 검지로 죽 그어 올림으로써 주판 위의 상황을 제로 상태로 만든다. 1만2천807원이요, 9천875원이요. 죽 불러주다 마지막 숫자에서 '이면'을 하면 자신 있게 주판을 다 놓은 아이들은 손을 들고 답을 했다. 그때 손든 아이들은 주산반 아이들과 나였다. 선생님이 지명한 학생이 숫자를 말할 때 맞으면 정산正算이라고 얘기해 준다. 일 더하기 일도 못 하던 나였는데, 답까지 맞추어 정이라고 외칠 때의 통쾌함이라니.

옛날에는 상업용으로 많이 사용되었지만, 계산기와 컴퓨터의 보급으로 주판을 보기가 힘들었다. 최근 순천향의대, 가천의대 공동

팀의 연구 결과를 보면 주산을 배운 학생은 그렇지 않은 학생보다 수학의 연산능력이 뛰어난 것뿐만 아니라 주의력이나 집중력도 최대 8점 이상 더 높았다고 한다. 특히 충동 조절능력과 연결된 반응 억제 영역의 능력이 두드러졌다고 한다.

주산이 수학의 연산능력뿐만 아니라 집중력도 높여준다는 연구 결과가 나와서인지 주산을 배우는 학생들이 늘었다. 진한 갈색에 가까웠던 한 가지 색에서 주산 붐을 타고 요즘은 빨강 파랑 노랑 색깔도 다양한 주판들이 등장하였다.

식당이나 커피숍을 가면 의도하지 않게 머릿속 주판으로 암산을 한다. 주판알을 손으로 옮길 때처럼 엄지와 검지를 이용해 머릿속에서 움직이게 된다. 마트에서 필요한 물품을 한 가지씩 담으며 그냥 아무 뜻 없이 암산했었나 보다. 요구하는 돈과 안 맞았다. 해서 다시금 따져보니 콩나물 천 원을 만 원으로 계산원이 입력하였다. 마트를 나오며 9천 원 아꼈다고 혼자 웃었던 기억이 있다.

주판을 이용하여 계산 시 주판의 위쪽은 검지로만 올리고 내리고, 아래쪽은 엄지로만 올리고 내렸다. 심심하면 주판을 놓았는데 1부터 9까지 더하는 게 습관이 되었다. 아홉 번 더하면 1, 111, 111,

101이다. 주판을 잘 놓아서 답이 맞았다는 희열과 엄지와 검지로 죽 그어서 제로로 만들 때의 쾌감을 즐겼다.

주산, 부기, 타자 자격증을 취득하고 은행에 취직하였다. 지금처럼 전산으로 하는 업무가 아니라서 주판이 필수였다. 고객이 입출금한 내용을 적은 수납장, 지급장 합을 낼 때, 계산기로 하면 답이 늘 달랐다. 주판이 제격이었다. 고객 원장도 수기로 작성할 때였으니 주판은 떼려야 뗄 수 없는 도구였다. 전표를 합할 때도 왼손으로 전표를 넘기면서 오른손에 볼펜을 끼운 채 주판셈을 한다. 1원이라도 틀리면 꼭 맞추어야만 하는 은행의 업무상, 집계가 끝나고 본연의 임무를 다한 주판을 가지런히 다듬을 때의 소리도 그립다.

더하기, 빼기, 곱하기, 나누기는 숫자를 사용하는 계산 방법이다. 그런데 사람과 사람과의 관계 속에서도 가감승제가 있다. 무슨 일이 있을 때 이것이 내게 이득이 될지 손해가 될지 따질 때 우리는 주판알 튕긴다고 한다. 이리 재고 저리 재면서 손익계산을 해 보는 것이다. 더하기로 생각했는데 어느 순간 빼기가 될 수도 있고 분명 곱하기였는데 나누기도 되는 게 우리의 삶이다.

주판에 놓인 숫자가 클수록 내 재물도 그만큼 많아졌으면 좋겠다 생각하다가도, 무언가 좀 모자라고 손해 본 듯 하는 게 편한 세상일 수도 있다.

아날로그 시대의 마지막 계산기 주판. 주판이나 계산기로 산출할 수 없는 무한대의 숫자는 무엇일까? 주판을 보며 어렸을 적 양발에 하나씩 묶어 스케이트 타면서 놀던 물건이라고 신기해하는 딸을 보며, 무한대의 숫자는 사랑이라고 깨닫는다.

멸치

밥상 위에서 눈만 빼곡히 보인다. 투명한 몸에 등줄기만 검은 줄이 있는 어린 멸치. 많은 반찬 중에서 유독 잔 멸치가 내 눈에 띄었다. 작지만 확실한 존재감을 준다.
 언젠가 멸치잡이하는 영상을 본 적이 있다. 극한 직업이었다. 따뜻한 해류를 따라 멸치 떼가 올라오면 멸치잡이 배들도 덩달아

바빠진다. 푸르스름한 새벽, 빛이 없는 어둠을 뚫고 바다로 향하는 어부들. 짙푸른 바다를 은빛으로 수놓은 작지만 강한 생선, 멸치다. 멸치를 잡아 그물에서 멸치를 털고 삶아 말리기까지의 긴 과정이 어부들에게 모두 녹록지 않은 작업이다. 비늘을 온몸으로 맞아가며 무념무상으로 발에 붙어있는 멸치를 털어내는 어부들. 촘촘한 그물코에서 작은 멸치 한 마리 한 마리를 털어내야 하는 고된 일이다.

어부들이 털고 있는 것은 비단 멸치만이 아닐 터이다. 바다에 바친 찬란했던 젊음과 열정, 바로 인생일 것이다. 거친 파도와 사투하며 혼신의 힘을 다한다. 털리는 비늘처럼 나쁜 일도 같이 떨어져 나갔으면 좋겠다.

넓고 넓은 바다에서 떼를 지어 움직이다가 그물에 걸려들었겠다. 파닥파닥 튀어 오르는 은빛 물결에 어부는 미소 지으며 멸치를 펄펄 끓는 가마솥에 넣었음이다. 얼마나 몸부림쳤으면 몸이 똑바로 굳지 못하고 다 휘어졌을까. 짭조름한 해풍과 따사로운 햇볕에 말려 꼬들꼬들해진 멸치는 몸의 크기와 상품에 따라 값이 매겨진다. 뜨거움에 두 눈을 부릅뜬 채로 말려져 지금 밥상에서 내 눈과 마주쳤다. 바다의 물결은 뼈에 남아 멸치의 등에 검은색 줄로 그려져있다.

어쩌다 보니 상 위에 멸치 반찬이 세 가지나 된다. 큰 멸치는 꽈리고추를 넣어 볶았고, 중 멸치는 각종 견과류를 넣어 고추장으로 맛을 냈고, 지리 멸치는 들기름에 넣고 볶다가 깨소금과 잣을 넣었다. 사실 아들은 멸치 반찬을 잘 먹는 편이 아니라서 한 숟가락만 먹으라고 밥상머리에서 늘 한소리 한다. 마지못해 아들 젓가락에 딸려 온 멸치는 바람과 햇빛에 물기를 빨리고 뻣뻣해진 멸치 몇 마리다.

지금까지 얼마나 많은 멸치를 먹어서 내 몸에 피와 살이 되었을까. 내 몸속에서 멸치 떼가 헤엄을 칠 것 같다. 멸치는 가장 많이 먹는 청어목 생선으로 우리 삶을 풍요롭게 하지만 밥상에선 언제나 조연이다. 국물 맛을 내는 데 멸치만 한 것이 있을까. 머리부터 꼬리까지 통째로 우려져도 식탁에 오르지는 못한다. 잔치국수나 냉면, 된장국에서 멸치를 본 적이 있던가. 국물 맛을 내는 소임을 다하고 건져졌음이다.

멸치와 다시마, 무, 대파로 육수를 낸다. 때로는 북어 대가리도 넣지만, 각자의 맛을 짜내어 뒤섞이다 보면 하나의 재료로만 낼 수 없는 깊은 맛을 만들어 낸다. 소임을 다한 바다와 육지의 재료들은 모두 건져낸다.

멸치는 척추동물에 속한다. 몸집은 작아도 뼈대가 있는 동물이다. 생명이 넘쳐나는 바다 생태계에서 어쩌면 먹이사슬의 제일 아래에 있을 멸치. 다른 어류에게 잡아 먹혀도 자신은 플랑크톤을 먹고 산다. 한 마리의 멸치는 작고 왜소하지만, 바닷속을 유영하는 멸치떼는 힘이 있고 역동적이다. 푸른 바다를 헤엄치던 생생한 목숨을 가마솥에 넣어 끓는 물에 삶고, 햇볕에 말리어 수분을 날려버려 더 오그라들 것도 없는 몸을 또다시 끓여 국물을 낸 뒤에야 생을 마친다.

끓는 물 속에서 물의 방향 따라 위로 아래로 둥둥 움직이는 멸치를 보다가 난 누군가에게 이렇게 아낌없이 온몸을 내던져 준 적이 있었는지 곰곰이 생각해 본다. 아니 마음이라도 통째로 준 적이 있었던가.

크기는 작지만 어부들에게 풍어의 기쁨을 그리고 식탁엔 풍성함을 선사하는 바다의 작은 거인 멸치. 한생을 다하고 밥상 위에 놓여있는 고 작은 멸치가 허투루 보이지 않는다.

제사

영정 속의 그와 마주쳤다.

저 눈으로 나를 바라보았고 나에게 속삭였고, 한결같은 마음으로 늘 사랑한다고 얘기했었다.

그가 없는데도 시간은 가고 계절이 지나고 해가 바뀐다. 하늘 아래 남기고 간 아이들은 커가고, 외롭고 슬픈 나는 내 의지와 상관없이 나이 들어가고 있다.

중학생이던 아이들이 어느덧 자라 대학생이 되어 절을 올린다. 내 양옆으로 서서 늘 셋이 지내는 제사는 쓸쓸하다. 삼우제 때 외삼촌이 수첩에 적어 주고 간 제사 순서를 뒤적이다 밥뚜껑을 열고 수저를 꽂는다.

그가 간 뒤로 제사나 명절은 늘 슬픔이 깔려있어 무거운 분위기다. 배추, 부추, 다시마전 위로 돼지와 소고기 산적이 놓이고 삶은 계란을 반으로 잘라 일렬로 놓은 제기 위로 젓가락이 놓였다. 지척인 제사상에 와서 과연 음복하고 있을까? 많이 컸다고 대견하다고, 미소 지으며 바라보고 있을까? 그의 생각을 읽고 싶다.

제 생 다 못 채우고 서둘러 가는 사람들은 얼마나 황망할 것인가. 미처 하지 못한, 할 일 다 못 채우고 얼마나 망설이다 떠나겠는가. 봄꽃이 몇 차례나 피고 열매 맺고 땅에 묻혔다 다시 피어나도 영영 돌아오지 않는 사람. 내게 그리움만 남겨두고 마지막 병치레로 거친 숨소리만 가득 남겨놓고 먼 길 떠나간 사람.

남겨진 이는 어떠한가. 늘 가슴에 돌덩이라도 달고 사는 듯 묵직하고 우울하다. 항암제 줄 늘어뜨리고 누워있던 곳, 뼈만 앙상한 모습으로 천장만 응시하던 온기 없는 방에서 나는 오도카니 침묵에 들어 있는 날이 많다.

서글픈 기억은 시공간을 뛰어넘어 불쑥 찾아온다. 망각의 바다를 건너온 기억의 편린들이 무의식 속에서 늘 존재하다가 불현듯 찾아와 마음을 헤집어 놓는다. 생전에 금슬이 무척 좋았던 것도 아니어서 더 당황스러울 때가 있었다. 정이 넘쳐 그런 것도 아니었으리라.

아무래도 애도의 시간을 갖지 못한 탓일 것이다. 그 애도의 시간이 없어서 두고두고 힘이 들고 병이 난다. 요즘 젊은 지아비를 보내는 장례식장에 가면 마음껏 울라고 한다. 울고 싶을 땐 실컷 울고, 슬플 땐 마음껏 슬퍼해야 떠나보낼 수 있다는 것을 절실히 느껴서다. 그를 보내던 때는 아이들이 어려서 나 혼자 처리해야 했기에 울음을 삭여야 했다. 집에 와서도 아이들 때문에, 이웃의 시선 때문에 맘껏 울지 못하니 눈에는 늘 눈물이 그렁그렁했다.

겨울 무렵이면 온몸이 아프다. 아프려고 한 것도 아니고 생각한 것도 아닌데 '왜 아프지?' 생각해보면 제사가 다가오고 있다. 해마다 한두 달 전부터 몸이 먼저 반응하고 마음이 아팠다. 이제는 좀 잊으리라, 늘 우울하던 아이들 얼굴에 웃음이 조금씩 번지는 것을 다행이라 여기며 마음을 추스르려는 의지와 달리 겨우내 아프다.

숟가락과 젓가락을 걷는 아이들. 제사가 끝나가고 있음이다. 내년 제사 때는 나 혼자 지내야 한다. 장교가 되려고 직업군인을 선택한 딸도 멀리 내려갔고 아들도 군대에 간다. 자기들 장래보다 혼자 남아 있을 엄마가 걱정인 아이들. 제사는 이제 그만 지내고 산소에 다녀오는 것으로 대신하자고 한다. 이제는 명절만 지내자고. 그런 탓에 마음이 불편해서인지 이번 겨울은 독감을 시작으로 병원 순례 중이다.

아이들을 봐서라도 이제는 홀로 서리라 마음먹어본다. 돌아보니 과거에 얽매여 살았고, 다가올 미래를 걱정하며 좌절 속에 현재를 살아온 것 같다. 바꿀 수 없는 현실이라면 있는 그대로 받아들이고 고통에서 벗어나려고 노력해야 하지 않을까. 선택은 내게 있다.

튼실하고 탄탄한 마음 가슴에 콕 심으련다. 나라도 아이들에게 버팀목이 되어 주어야 하기에. 절망과 고통 속에서 핀 꽃이 더 절실하고 예쁠 것이기에.

과거는 가슴이 기억하는 영원한 현재형이다. 황홀하고 아프고,

즐겁고 시리고, 행복하고 애통하다. 영원한 이별은 고통을 수반하지만 잘 버텨 온 아이들에게 감사하다.

지나온 시간을 반추하며 후회하기보다는 더 나은 미래를 위해 꽃 피울 수 있기를 소망해 본다.

제기함 속에 있다 제삿날, 설날, 추석에 빛을 보는 영정사진을 거둔다. 이제는 설날, 추석에만 만나야 하는 것을 그도 이해해 주리라 눈 맞춘다. 말없이 그가 미소로 대답하는 듯하다.

옥수수

 첫 옥수수를 딴다는 메시지를 받자마자 세 자루를 사서 쪘다. 옥수수는 밭에서 적당히 익었을 때 따서 바로 쪄야 말랑거리는 알갱이가 터지며 씹히는 혀끝의 감촉이 좋다.
 물을 많이 넣고 끓기 시작해서 40분 뒤에 불을 끄면 맛있게 삶아진다고 한다. 세 자루를 들통 하나로 찌고 또 찌려면 적어도 세

시간이 필요하다. 온 집안에 옥수수 냄새가 가득하다. 꽃향기처럼 향긋하지는 않지만, 옥수수 익는 냄새는 마음을 평온하게 한다. 어릴 적 어머니의 따뜻한 정을 받을 때처럼 포근해지고, 옥수수 대공을 꺾어 껍질 벗겨내고 씹으면 달곰한 물이 목으로 넘어가던 시절로 돌아가기도 한다.

담배 농사를 짓던 시절, 담배를 따서 줄에 꿰고 건조실에 매달아 말릴 때, 그 뜨겁던 여름날에도 아버지는 석탄을 개어 불을 지폈었다. 불이 한차례 건조실을 덥히면 그 잔열에 옥수수와 감자를 구워 먹기도 했었다. 구운 옥수수는 찔 때보다 고소한 맛이 더했다.

옥수수 중에서 실한 것은 껍질을 엮어 사랑채 처마 밑에 걸어두었다. 씨앗용이다. 이듬해 한 알씩 떼어내 다시 밭 가장자리에 심고, 수확한 옥수수는 다시 실한 것을 골라 처마 밑에 종자로 걸어 두어 다시 씨앗이 되었다. 부모님은 평생 농사를 지셨으니 씨앗 갈무리를 오래 하셨을 테다.

옥수수 익는 구수한 냄새를 맡다 보니 얼마 전 괴산으로 야유회 갈 때가 생각난다. 차가 괴산 초입으로 접어들면서 밭에는 옥수수가 즐비했다. 집에서 먹으려고 밭 가에 심던 조연이 아니라, 비닐까지

쐬운 둔덕에 줄 맞춰 심어진 옥수수밭이다. 밭마다 그득한 초록빛 풍경들이 야유회 가는 기분을 더 달뜨게 했다.

길가에서 쪄서 파는 대학 찰옥수수를 몇 개 사 들고 맛있게 먹는데 농사가 전공이신 분이 옥수수는 99%가 바람으로 인해 열린 거라고 한다. 벌과 나비 등의 곤충을 매개로 하는 꽃들과는 달리 바람과 중력의 힘으로 수정이 된단다. 옥수수 줄기의 맨 위쪽에 피는 수꽃은 벼처럼 달려 있는데 끝부분에 노란색 수술이 있다. 엄청 많은 양의 꽃가루가 있어서 바람이 불어올 때 터지며 이 밭 저 밭 사방으로 날리어 수정한단다.

겉껍질을 쭉 벗기면 소박하게 드러난 수염, 이건 왜 귀찮게 있어서 수염 따느라 힘들다고 했는데 그 수염이 암술이었다. 줄기 끝의 수꽃에서 쏟아진 꽃가루들이 깔때기 모양을 한 옥수수 잎으로 모여, 그 잎 바로 밑 부분 암술에 수정이 용이하게 한다. 결국 수염 하나하나가 옥수수 알갱이가 되는 것이다. 수염이 많이 나올수록 알차게 알곡을 맺을 준비가 되었다는 거고, 모든 수염이 꽃가루가 하나도 빠짐없이 묻어줘야 알곡이 꽉 찬 옥수수가 된다.

삶은 옥수수 90개를 봉지에 나누어 담고 어머니가 계시는 요양병원으로 가는 것이 연례행사가 되었다. 어머니는 입으로 옥수수 드시는 걸 힘들어하신다. 기력이 쇠하신 것도 있고 살이 빠지면서 맞지 않는 틀니 때문이기도 하리라. 엄지손가락으로 알을 똑똑 떼어 모아서 엄마한테 건넨다.

똑 고른 옥수수처럼 튼튼했던 치아나, 초록 잎사귀의 결이 거친 잎맥처럼 팔팔하던 시절은 옛날얘기이던가.

아버지가 일찍 돌아가셨을 때, 엄마는 어머니이지 여자란 생각을 안 했다. 내가 그때의 어머니 나이가 되고 나 역시 같은 처지에 있고 보니, 재혼을 시켜드릴 걸 후회가 된다. 치매가 있으신데 가끔 정신이 좀 돌아올 때면 나보고 결혼하라고 성화다.

"시원찮은 남편이라도 남편 밥은 누워서 받고, 자식 밥은 서서 받는 것이야."

"그렇게 일찍 갈지 모르고 내가 등 떠밀어 널 결혼시켰으니 내가 네 인생을 망쳐 놓았구나."

하시며 나를 볼 때마다 우신다. 총총하고 고른 옥수수를 떼는데 뿌옇게 보인다. 똑 고르게 짝 맞추어 열린 알갱이처럼 부부도 오래도록 같이 살아간다면 얼마나 좋은 일인가. 생애 전체 아름답게 가야 할 길을 왜 슬픔에 젖게 하는지.

　옥수수는 암 수꽃이 한 대에서 핀다. 수꽃은 줄기 꼭대기에 암꽃은 줄기 옆에서 핀다. 이렇게 떨어져 있는 두 꽃의 수술이 만나야 수정이 되는데, 그 역할을 하는 것이 바로 옥수수수염이고 바람이다.

　한 대궁에 수꽃 암꽃이 다 있지만 바람이 불면서 다른 대궁 암꽃으로 간다. 자가수분을 막으려는 시간차방법을 쓰기 때문이다. 자기 대궁 위에 있는 수꽃이 활짝 피어 꽃가루를 날리는 시간보다 약 이틀쯤 후에 암꽃이 성숙하게 하여, 한 대에서 꽃가루를 받아 결실하는 일을 피하기 위한 전략이다.

　요양병원에서 집으로 돌아오는 길, 운전하는 내 옆에서 엄마를 어머니로만 보던 딸이 날 물끄러미 바라보고 있다.

영천 가는 길

　영천으로 가는 고속도로 2차선이 한산하다. 딸을 옆에 태우고 이 길을 몇 번이나 더 다니게 될지. 멋진 미래를 향해 나아가는 딸의 앞날도 막힘없이 달리는 이 길처럼 탄탄대로였으면 좋겠다.
　처음 딸을 만나던 때가 언제였던가. 벌써 스물두 해 전이다. 병원 유리창 너머 간호사 품에 안겨 나를 바라보았다, 처음 품에 안

앉을 때 벅찬 감동을 느낀 지가 엊그제 같은데 어느새 커서 내 품을 떠난다.

어렸을 적 꿈이 요리사라고 했다. 포부가 커야 한다는 생각에 "그래 훌륭한 요리사가 될 거야."라는 말보다 네가 좋아서 요리할 때와 네가 만든 음식을 누군가가 돈 주고 사 먹을 때의 음식은 다르다고 말했다. 지나고 보면 꿈은 상황에 따라 또 커가면서 바뀌는 것을 엄마의 잣대로 꿈을 평가해 좋고 나쁨을 이야기했다.

중학교 때 군인이 되겠다고 결심한 딸. 그 결정은 너무나 확고해 누구도 무너뜨릴 수 없었다. 직업이 많은데 왜 여군이 되려고 하는 것일까. 소심한 엄마는 딸이 맞닥뜨릴 세상이 험할 것 같아서 노심초사였다.

시간은 누구에게나 주어진 평등한 자원. 그 시간을 허투루 낭비하지 않고 오로지 군인이 되기 위해 노력한 딸. 육군 3사관학교에 당당히 합격했다.

3사관학교는 입학 전 기초 군사훈련을 6주간 받는다. 그 기간에 적성이 맞지 않아 퇴소하는 경우도 있단다. 훈련받으러 가는 딸이 바짝 긴장했다. 지금까지와는 전혀 다른 삶이 펼쳐질 텐데 당연히 긴장되겠지. 본인이 선택한 길이지만 모든 게 낯설기에 설렘 반 두려움 반이겠지. 모두 똑같은 상황이라 너무 두려워할 필요는 없다고 손을 잡아본다.

앞으로 2년 동안 공부와 훈련을 같이 해야 한다. 장교가 되려면 통솔력뿐만 아니라 병사들을 이끌 재빠른 판단력, 적재적소에 명령을 내리는 치밀함이 있어야 함을, 가장 위험한 일에 앞장서는 모습이 장교가 할 일이라는 것도 배우리라. 시련 앞에서 한계에 도달한 일이라도 너와 내가 아닌 우리라는 이름으로 함께하면 어떠한 일도 못 해낼 것이 없다. '우리'의 단결된 힘은 어떤 역경과 고난도 헤쳐나갈 수 있다는 것을 힘든 훈련을 통해서 알게 되리라.

리더란 명령하는 사람이 아니라 이끄는 사람이다. 치열하게 노력하고 확실한 실력을 갖추어 중요한 순간에 역량을 발휘해야 한다. 남다른 각오와 전력이 있어야 한다는 걸, 리더는 한발 먼저 생각하고 시작해야 한다는 것도 배우리라.

연필로 쓴 글씨는 지우개로 지우고 다시 쓸 수 있지만, 말에는 지우개가 없어서 말을 할 땐 한 번 더 생각해보고 신중해야 한다는 것도, 삶에는 연습이 없다는 걸, 최선을 다해서 이 일 저 일 부딪혀보고 터득하겠지.

인생의 길을 모색하는 나이 20대, 길은 정해졌고 그 길을 가기 위해 노력하는 딸의 인생이 늘 꽃길이길. 쉬운 길은 아니겠지만 열정이 넘치고 도전의 에너지가 꿈틀거리니 잘되리라 믿는다. 아름다운 세상을 살아갈 멋지고 당당한 딸. 지금 가는 이 길이 본인의 역량을 발휘할 기회가 펼쳐질 것으로 기대한다.

엄마에게 늘 소중한 보물 같은 딸이라는 것을 알고 있겠지. 네 안에 보물이 있다는 걸 기억하고 본인을 귀하게 여겼으면 싶다.

자기의 역할을 성실하게 해내었을 때, 진정한 삶의 주인공이 되지 않을까? 인생의 요리사가 되어 맛깔난 인생을 가꾸었으면, 소소한 작은 선택부터 인생을 바꿀만한 큰 선택까지 현명하게 결정하면서 삶의 묘미를 알아 가리라.

영천에 도착했다. 드디어 시작이다.

삼신바위와 솟대

산이 장막처럼 둘러쳐져 있는 산막이옛길을 걷는다.

초입부터 산막이 마을까지 4킬로 구간에 멋진 괴산호를 조망할 수 있는 곳곳에는 사진 촬영도 하고 쉴 수 있는 공간을 만들어 놓았다. 이곳은 옛길에 폭만 조금 넓힌 데크 길이다.

괴산호를 따라 걷는 산막이옛길은 충북 괴산군 칠성면 사오랑

마을에서 산막이 마을을 연결했던 산모롱이 길이었다. 2011년 괴산군이 산막이옛길 구간에 친환경공법으로 데크 길을 조성하면서 산, 호수, 길이 어우러진 장관이 탄생하였다. 〈충청북도 문화원 연합회 발행 '충북 명소의 숨은 이야기'에서〉 댐 주변 경관을 살려가며 있는 그대로를 존중하다 보니 자연이 숨 쉬는 공간이 많은 숨길이다. 구간마다 아기자기하게 재미있는 이야기들이 있다.

산막이마을에서 연하협구름다리로 가는 길은 돌과 흙이 있는 산길이다. 물 위에 비친 연둣빛 나무를 보면서 휘돌아진 길을 들어서다 세 개의 바위와 눈이 마주쳤다. 각기 모양도 크기도 다른 바위 세 개가 얹혀있다. 사람들은 이 바위를 삼신바위라 부른다. 괴산댐이 건설되기 전에는 경치가 빼어나고 강물이 빠르게 흘러 살여울이라고 부르던 곳으로 해, 달, 별의 삼신이 내려와 목욕을 즐기다 날이 밝아 승천하지 못하고 삼신바위가 되었다고 한다.

옛날부터 이 바위에 아기를 점지해 달라고 치성을 올렸다는데, 왜 나는 이제야 알았을까. 진즉 알았더라면 지난날 이곳을 자주 왔을 텐데. 십 년 만에 자식을 얻은 내 사정을 아는 일행이 "오늘 밤 아기를 점지해 달라고 해봐." 한다.

어떻게 보면 네모 세모 돌덩이를 올려놓은 것 같은데 삼신이라니, 치마폭 넓은 한복을 입은 삼신할매를 닮은 바위라고 해서 삼신바위라 한단다. 삼신할머니, 전에는 자주 찾았었는데 어느 순간 잊고 있었다. 임신만 했다 하면 자꾸 유산이 되다 보니 친정어머니는 기도하자며 나를 잡아끌었다.

심산유곡 절에 들어가 4박 5일 동안 낮에는 밭에 나가 일을 했고 밤새워 기도를 올렸다. 큰 법당을 가득 채운 이들 속에서 아기를 점지해 달라고 삼신 할머니를 간절하게 찾았었는데 내가 아이들의 엄마가 되어보니, 딸을 위해 아픈 몸으로 합숙하며 기도하는 게 결코 쉽지 않았음을 느낀다. 코로나로 인해 요양병원의 면회 금지로 몇 달째 뵙지 못하는 어머니가 그립다.

삼신바위 옆으로는 솟대가 세워져 있다. 솟대는 기다란 기둥에 새를 올려놓은 모양을 하고 있다. 마을 입구에 수호신의 상징으로 장대 끝에 나무로 깎은 새를 붙여 세웠다. 크기에 따라 모양에 따라 각양각색의 솟대, 몸통을 깎고 꼬리를 만든 다음 기둥을 세우고 고정하는 과정을 거쳐 솟대의 모양새를 갖추었다.

산막이옛길 솟대는 T자나 Y자 없이 나뭇가지에 바로 오리를 올려놓았다. 장대는 나뭇결을 다듬지 않고 원목 그대로 휘어지면 휘어진 대로 여러 개를 세워 다소 어수선해 보일 수도 있다. 하지만 인위적으로 다듬고 깎은 것보다 더 자연스러운 모습인 솟대, 나무 내음이 풍기고 새소리도 들려올 것만 같다.

예전에는 솟대가 잘 보이지 않았다. 관심이 없어서일 수도 있지만 요즘은 고즈넉한 분위기의 식당이나 관광지에서 심심찮게 볼 수가 있다. 솟대의 기원이 청동기시대로 거슬러 올라가며, 그 분포는 만주, 몽골, 시베리아, 일본에 이르는 광범한 지역에 있다. 이는 솟대가 북아시아 샤머니즘 문화권에서 오랜 역사를 지닌 신앙물임을 알 수 있다.

솟대 모양도 많이 바뀌었다. 나무의 모양새를 그대로 살려 휘어진 나무 끝에 오리를 올려놓고 작게도 만들어 개인이 집이나 방에 소장하기도 한다.

산막이옛길 삼신바위와 솟대는 잔잔히 흐르는 괴산호의 풍경과 잘 어울린다. 사계절 보는 맛이 있겠지만 연둣빛 나무와 산벚꽃 어우러진 풍경이 물에 비친 모습은 산길 걷는 내내 행복을 준다.

솟대는 인간의 소망과 기도를 하늘과 연결해 준다고 믿었다.

삼신바위 옆에 놓여 있으니 마을 수호신의 기능에 더하여 주민들의 소망도 담고 있을 터. 솟대 위의 저 새는 오늘 밤 아기를 점지해 달라고 하면 소원을 하늘에 전해 줄 수 있을까. 아니면 삼신바위가 소원을 이루어줄까.

태어나는 길을 안내해 준다는 삼신할매, 어떻게 살 것인가도 안내해 주시려나. 괴산호를 병풍처럼 두르고 있는 커다란 삼신바위와 솟대를 보며 지난 세월을 톺아본다.

겨울연가

"생일 축하해. 이 돈으로 애들하고 맛있는 거 사 먹어."
울먹이는 당신의 목소리가 가슴을 에이게 합니다.
"내가 어떻게 할 수 없으니까……." 말을 잇지 못하는 당신의 말에 침묵이 흘렀지요. 마지막 생일 선물이 되리란 걸 알고 있기 때문입니다.

부부라는 이름으로 살아온 26년 희로애락의 인생길에 해마다 맞이한 생일. 이제껏 큰 의미 없이 지나쳤던 내 생일이 이렇게 의미 있게 다가오긴 처음입니다. 내년을 기약할 수 없는 상황에서 '어떻게 할 수 없으니까.' 하고 울먹이던 당신의 말 속에는 그동안 무심코 지나쳤던 소소한 일상들이 얼마나 소중하고 귀중한 시간이었는지 포함되어 있다는 걸 압니다.

작년에 된장 풀어 끓여준 당신의 미역국을 내년에도 먹고 싶다면 큰 욕심일까요. 처음이자 마지막으로 당신이 내게 끓여 준 미역국이 될 것 같네요.

암이 당신에게 온 지 5년째 맞이하는 겨울입니다. 눈물도 갈망도 아름다움이 된다지만, 이번 겨울은 유난히 추울 것 같습니다.

2주에 4일씩 한 달에 8일 맞는 항암 주사는 암세포와 건강한 세포를 함께 공격하기 때문에 혈관 속이 타는 듯한 열과 함께 통증이 심하지요. 구토에 입맛도 없고 설사도 하는 힘든 항암치료를 그렇게 많이 받고도 견뎌낸 당신입니다.

비록 암이 당신 몸에 다 퍼졌다고 해도 우리에겐 이제 고등학교 입학하는 쌍둥이가 있습니다. 초등학교 때부터 아픈 당신을 지켜본 아이들입니다. 울지 않고 언제나 씩씩하게 다니는 엄마 따라 일찌감치 애어른 되었지요. 아빠 파이팅을 굳이 외치진 않더라도 아파하는 당신을 보며 속울음 삼킨 아이들을 생각해서라도 당신은 일어서야 합니다.

3년 뒤에나 있을 쌍둥이 대학자금을 걱정하고, 종종거리며 사는 나를 애잔하게 바라보는 당신의 시선을 애써 외면하였습니다. 아빠 불쌍하다며 우는 딸을 보듬어준 적은 있지만 내가 무너지면 우리 가족 어떻게 될까 봐, 목 놓아 한 번도 울지 못했네요. 당신이 아픈 걸 인정하는 순간, 당신의 애잔한 눈길을 말로 표현하는 순간 어떻게 될까 봐, 무심한 척하였습니다.

그랬는데 올겨울 당신은 외출조차 못 하네요. 누룽지 두 숟가락이 당신이 먹는 전부가 돼 버렸네요. 학교 다녀온 아이들 반갑다고 현관문 열어주는 것이 아니라 누워서 인사를 받네요.

겨울나무에 겨우 붙어있던 은행잎 하나 바람에 뚝 떨어집니다. 잎새 다 떨어뜨린 저 나무는 내년이면 다시 새싹이 돋아나겠지요. 이 겨울. 저 칼바람의 시간 속을 지나고 나면 언젠가 봄날은 옵니다. 납작 엎드려서 겨울을 나는 보리나 밀처럼, 이 계절 마음 다잡아 견

다다 보면 당신에게도 따뜻한 봄날은 올 것입니다. 아니 꼭 와야만 합니다. 어제를 버텼으니 오늘은 지날 것이고 또 그렇게 내일도 맞이할 것이므로 견뎌내야만 합니다.

잠든 당신의 얼굴을 가슴에 새깁니다. 내 가슴과 기억 속에 꼭꼭 담아둡니다. 가냘퍼진 당신의 모습. 앙상한 팔과 다리를 보며 내가 미안해집니다. 이 음식을 먹을 수 있을까, 저 음식은 괜찮을까 하면서 만든 음식을 당신은 두 숟가락도 못 뜨는데 나는 잘 먹어서 미안합니다. 비록 울음을 삼키며 먹어 날마다 체하지만, 잘 먹고 잘 싸는 것이 얼마나 중요한지 새삼 느끼는 요즘입니다.

설렘 속에 맞은 이천십사 년도 저무는 십이월입니다. 기대와 달리 유난히 슬픈 기억이 많았던 한 해였습니다. 아프고 힘든 일을 묵묵히 견뎌냈듯이 겨울 속에서도 봄은 다시 오고 있을 테지요. 분명 따뜻한 훈풍이 우리 집에도 불 것입니다. 여보! 조금만 더 힘내요. 홧팅.

* 이 글을 쓰고 일주일 뒤 영면했다.

나비부인(Madama Butterfly)

 차가운 바람이 얼굴을 때리는 12월, 오페라 〈나비부인〉을 보러 갔다. 뮤지컬이나 다른 공연은 많이 보았지만 내게 익숙하지 않은 장르가 오페라이다. 김장김치처럼 오랫동안 숙성되었어도 그 맛을 잃지 않는 것이 클래식이라는 강연을 들은 적 있다. 몇백 년 동안 명곡으로만 이어온 클래식이라서 그럴 테다.

G.푸치니의 3대 걸작 중 하나인 〈나비부인〉을 아들과 볼 수 있다는 것에 가슴 설레며 기다렸다. 대학생 아들은 오페라를 보고 리포트를 써야 한다고 했다. 다행히 종강한 이튿날 공연이 있어 표를 예매하려고 인터넷 사이트에 들어갔다가 깜짝 놀랐다. 빈 좌석이 별로 없다. 비싼 공연임에도 관람하는 청주시민이 많다는 것이 기뻤다. 오케스트라와 협연을 하는 오페라는 2층 앞줄이 제일 좋다는데 빈자리가 없어 1층 앞자리로 정했다.

　　기울어진 집안을 위해 게이샤(일본기생)가 된 열다섯 살 꽃다운 아가씨, 나비부인은 친척들의 비난을 무릅쓰고 개종까지 하며 새 삶의 희망에 부풀어 미국 해군 중위 핑커튼과 결혼한다. 승려인 숙부의 소동으로 친척들이 다 돌아간 뒤 저녁노을 속에서 사랑의 2중창을 부르는 핑커튼과 나비부인. 푸치니의 2중창은 길고도 유려하다.

　　1막이 끝나고 2막에서도 무대 보랴, 자막 보랴, 난방을 덜 해서 추위에 몸 움츠리랴 정신없는 내게 아들이 속삭였다.

　　"엄마, 이 음악 〈어떤 개인 날〉이야."

　　순간 멍했다. 오페라는 스토리보다 음악을 들어야 한다는데 난 자막을 보는 데 집중하였다. 이탈리아어로 노래하는 성악을 이해는 못하더라도 바로 앞에서 연주하는 오케스트라에 맞추어 주인공 초초상(나비부인)이 부르는 아리아를 들었어야 했다.

핑커튼이 결혼한 나비부인을 두고 미국으로 건너간 지 3년, 기다림에 지친 그녀의 노래, 다들 한 번 떠난 서양 군인들은 절대 돌아오지 않는다고 초초상에게 말을 하지만 기약 없는 기다림을 하는 초초상에게는 오늘도 어떤 개인 날이다.

그제야 오페라는 가사로 듣는 것이 아니라 음악이 이야기한다는 게 느껴졌다.

…어떤 갠 날에 수평선 너머로 한 줄기 연기가 오르면… 조금 귀를 기울였을 뿐인데 음악이 내게 말을 건네 온다. 어떤 개인 날 바다를 바라보며 애타게 그리는 한 여성의 기다리는 마음이 들어온다.

3막에서 순수한 나비부인의 사랑을 알게 된 핑커튼은 이별을 고하는 아리아를 부르며 괴로워한다. 나비부인은 핑커튼의 미국부인 케이트가 아이를 키우고자 한다는 말을 전해 듣고 모든 것을 단념한다. 아버지가 물려준 단도에 새겨진 '명예로운 삶을 못 살 때는 명예로운 죽음을 택하겠다.'는 문구를 읽으며 자결하는 나비부인.

나비부인에 나오는 계약조건은 하인을 포함해서 집을 999년간 임대할 수 있으며 계약은 언제든지 일방적으로 파기할 수 있다는 것이다. 미국 정부는 국제결혼을 인정하지 않는 정책을 취해 나비부인 못지않은 비극이 발생하기도 한다.

아름답고 슬픈 사랑의 아리아. 절규하는 초초상이 마지막 자결하는 장면에서 눈물 흘리는 나를 보던 아들이 손을 잡아준다. 눈앞에서 연주하는 오케스트라 음악에 맞춰 마이크 없이 부르는 성악가의 노래는 생동감이 넘쳤다.

예술의전당을 나오자 사위는 촘촘한 어둠으로 박혀있다. 내밀하게 익어가는 겨울의 온도, 슬며시 아들의 팔짱을 꼈다. 가슴이 말랑말랑해졌다. 오페라의 매력에 빠져든 날. 가슴 따뜻한 경험이었다.

part__4

냉면 두 그릇・마중・눈부처・숨・과거와 현대가 공존하는 곳
호드기・고사리・작은 숲・시간의 벽・금천동은 살아있다

냉면 두 그릇

 살얼음 낀 국물에 면과 무채, 썬 배와 오이, 달걀 반쪽을 고명으로 올린 냉면이 나왔다. 슴슴하고 시원한 국물이 매력이다. 냉면은 메밀로 주로 만든다. 나는 메밀 향 짙은 면의 평양냉면을, 딸은 쫄깃한 감자 전분 면발의 함흥냉면을 좋아한다.
 백석 시인은 〈국수〉에서 "이 히수무레하고 부드럽고 수수하고 슴슴한 것은 무엇인가"라고 표현하였다. 백석의 시는 오감을 자극한다. 빼어난 토속어로 우리 정서를 노래했다. 음식을 소재로 한 많은 시를 남겼는데 〈국수〉도 그중 하나다. 여기서 '국수'는 냉면이다. 평안도에서는 냉면을 국수라고 한다.

냉면에 식초와 겨자를 두른다. 시인은 국수를 겨울에 얼음이 언 시원한 동치미에 말아 먹어도 좋고, 얼얼한 고춧가루를 넣어 먹어도 좋고, 싱싱한 산 꿩의 고기를 넣어도 좋다고 한다. 또 식초나 수육을 삶아 넣어도 좋으며 삿방의 절절 끓는 아랫목에서 먹기 좋다고 한다. 겨울밤 국수 한 그릇의 별미이다.

내 앞에 놓인 냉면에는 꿩고기는 아니지만 고기 한 점이 들어있다. 국수에서 "이 그지없이 고담枯淡하고 소박한 것은 무엇인가"라고 했듯이 절대 화려하지 않다. 맛도 요란스럽지가 않다.

난 냉면을 겨울보다는 여름에 먹는 걸 즐긴다. 햇볕이 따가운 것도 있지만 습도가 높아 후덥지근한 날은 살얼음 동동 띄운 냉면이 제격이다. 특히나 좋아하는 사람하고 마주 앉아 땀방울 식혀가며 먹을 때면 더할 나위 없이 행복하다.

선주후면先酒後麵, 술을 먼저 마시고 면을 나중에 먹는 것을 말한다. 요즘은 고기 먹고 후식으로 냉면을 찾는다. 그래서인지 고깃집에서 냉면만 먹는 경우는 별로 없다. 신발 벗고 편하게 앉아 느긋한 마음으로 고기를 먹고 시원하게 평양냉면을 먹던가. 매콤한 게 당길 때는 함흥냉면을 찾는다.

매번 가던 식당이 문을 닫아 아파트 옆 큰 갈빗집으로 딸하고 왔다. 밖에서 보는 것보다 식당은 더 커 보이고 이른 시간인지 손님보다 종업원이 많았다. 냉면 먹기 전, 잘 구워진 고기를 접시에 넣어 주는데 서 있는 종업원을 힐긋 바라보던 딸이 말문을 열었다.

투병하던 남편이 운동으로 하루를 보내던 때, 같이 운동하자고 초등학생 아이들에게 날마다 조른 모양이다. 아빠의 부탁이라 같이 갔지만, 운동이 좋을 리는 없을 터, 그다음부터는 안 간다고 했다. 그날도 맛있는 거 사 준다고 해서 양궁장 트레킹을 하고 왔는데 남편은 갈빗집으로 성큼성큼 들어갔다. 아빠를 따라가며 딸과 아들이 갈비 먹을 생각에 군침 돌던 찰나 갈비는커녕 달랑 냉면 두 그릇만 시켰으니 어린 마음에 종업원이 우리 식탁만 바라보는 것 같아 먹는 내내 고개를 들지 못했단다.

아이 아빠가 떠나간 지 6년이 지난 시점에서 무심한 엄마는 알게 되었다. 그런 일이 있었느냐고 웃어넘겼지만 고개를 푹 숙인 채 젓가락으로 면만 먹었을 모습이 그려진다. 본인은 건강상 밖에서 식사를 안 하니 냉면 먹는 아이들을 바라보면서 무슨 생각을 하였을까? 아이들 얼굴을 담고 싶었을 텐데 정작 아이들은 고개 숙인 채 먹었을 테다.

아! 제 아빠하고 왔던 식당에 오니 생각이 났나 보다. 누가 들을세라 "아빠 생각나."라고 속삭였지만, 갈빗집에서 냉면이라도 먹던 추억을 건져 올렸을 딸. 질긴 면발을 이로 끊으며 천륜이란 끊으려야 끊을 수 없는 것임을, 억지로 잊으려 해야 잊을 수 없는 것임을 느꼈을 것 같다.

냉면을 바라보며 딸의 눈에 눈물이 그렁그렁 맺힌다. 아빠와 딸, 아들 셋이서 먹었던 냉면 두 그릇이었는데, 이번에는 엄마와 딸이 냉면 그릇을 앞에 놓고 바라보기만 할 뿐 끝내 입은 열리지 않았다.

마중

　매년 새해를 맞으면 크고 작은 계획을 세운다. 새해란 다시 삼백예순다섯 날의 선물을 받는 것, 벌써 보름의 선물이 지났다. 첫날 희망과 설렘으로 다짐했던 일들은 어디 가고 지난해와 변함없는 고만고만한 일상을 살아가고 있다.

　스물한 살의 두 아이도 어제와 별반 다를 바 없는 오늘을 이어

가고 있다. 해가 바뀌면 스물한 살이 된다며 진짜 어른이 된다고 꿈에 부풀어 있던 아이들이다. 방학이라서 낮과 밤이 바뀐 채 게임을 하고 친구 만나는 일에 집중하는 일상도 변한 건 없다. 나이가 주는 어른이라는 선물을 거창하게 기대했겠지만, 하루아침에 불쑥 어른이 되지도 않는다. 오늘이 특별하거나 내일이라고 마냥 희망에 달뜨지 않는 특별한 일 없이 새해의 하루하루가 지나간다.

스물한 살, 아이들에겐 가장 어른스러운 나이이고, 어른이 되었다고 믿을 나이겠지만 그 자체만으로도 눈부시게 아름다운 청춘이다. 시간과 세월을 되돌려 돌아갈 수 있다면 다시 돌아가 삶의 첫걸음을 떼어놓고 싶은 나이, 무엇이든 어떤 길이든 선택하고 꿈꿀 수 있는 나이, 새싹의 연두에서 익어가는 초록을 덧입히고 싶은 싱싱한 나이다.

내가 그 나이 때는 무엇을 하였던가. 유니폼을 입고 은행에 다니며 동생 학비를 대었고 방송대학 영어영문학과 공부를 시작했었다. 하고 싶은 것도 많았고 무슨 일이든 마음만 먹으면 해낼 것 같은 자신감이 충만하던 시절.

이십 대에는 오십 대가 되면 인생을 관조하고 세상일에 달관한 나이라고 생각했다. 그러나 그 나이를 지나고 있는 난 아직도 어설프고 할 일이 많아 종종거리며 살고 있다. 해가 바뀌었어도 아이들과 해맞이 소원을 빌지도 못했다. 하루 시간 내어 바닷가라도 다녀와야 하는데 일에 쫓기며 사느라 엄마의 역할을 못 하는 것 같아 마음만 심란하다. 산으로 바다로 나가서 새해맞이 한 사람들 소식을 SNS로 볼 때면 더 조급해진다.

　스물한 살이 되면 완전한 성인이라고 좋아했던 딸은 갑자기 목소리를 높였다.

　"엄마 나이가 벌써 그렇게 되었어? 환갑이 낼모레야?" 내 나이는 생각지도 않은 채 젊다고 생각하며 사는데 환갑이란 말에 공연히 심술이 나서 눈을 흘겼다. 외모는 세월을 따라 늙었지만 마음은 젊은 시절에 머물러 있나 보다. 성숙하지 못한 채 한 해 한 해 지나온 시간이 아이를 키웠고 나는 나이를 먹었다. 해年를 더하는 것이면서 동시에 살날을 줄이는 것이다. 이렇게 세월이 가고 한 생애가 가는구나, 지금도 그러하고 내년에도 같지 않은 시간이지만 같다고 생각되는 시간을 난 살아낼 것이다. 내가 처음으로 살아보는 그 나이의 시간을.

새해가 되니 부자가 된 듯하다. 많은 날이 다시 펼쳐져 있으니 말이다. 이 하얀 여백을 어떤 일상으로 채워 갈까. 지난해에도 무수히 많을 것 같은 날짜들이 어느 순간 머물다 사라졌다. 흰 여백인 채로 때론 빡빡한 일상의 기억을 남겨두고서. 크고 작은 일들이 손가락 사이에서 재잘거린다. 가시 바늘처럼 날을 뾰족이 세운 날도 있고, 24시간이 모자랄 정도로 뛰어다니던 때도 있고, 너부데데한 호박 같은 삶에 지친 이에게 박하사탕 같은 하루를 선물한 적도 있었다.
　살다 보면 교과서에서 배운 뺄셈이 덧셈이 될 수도 있다. 손해 보는 것 같아도 어느 순간 보면 내게 보탬이 되기도 한다. 이제 성인이 되었다고 좋아하는 아이들도 교과서 방식대로 사는 삶이 다 아니란 걸 터득할 테다.
　아직은 어리지만 조금씩 성장해 가고 있는 나이 스물한 살. 제 빛깔 제 향기를 머금은 개성 있는 사람이 되었으면 한다. 조금 부족하고 서툴더라도 더 많이 웃고 더 많이 사랑하고 베풀며 살아가기를. 새해 첫날 한 해의 계획을 세워 새해 마중을 하듯, 인생의 성인이 된 스물한 살, 첫 단추를 잘 끼웠으면 좋겠다.

눈부처

　케이크에 꽂힌 초가 일곱 개다. 앞니 빠진 아들이 활짝 웃고 다른 가족들은 손뼉을 치며 노래를 부르는 중이다. 서랍 속에 있던 USB에서 오래전 사진을 보다가 숨이 막혔다.
　늘 곁에 있을 때는 그 소중함을 모른다. 친정집 방 한 칸에서 애면글면 살던 때이니 어찌 보면 시골 생활이 지긋하다고 생각하며 하루하루를 살았을 것이다. 그때는 당연하다고 생각했던 일상이 새삼 두 눈 가득 들어온다. 숨 쉬듯 서로 기대고 받쳐주며 산다는 게 얼마나 고마운 일인지. 케이크를 가운데 놓고 고구마, 떡, 고추 몇 개가 놓인 둥그런 식탁에 둘러앉은 가족들. 다시금 이런 장면을 연출할 수 없다는 것에 가슴이 에인다.

시간은 멈추지 않고 가지만 사진은 십여 년 전의 시간 속에 머물러 있다. 놓치지 말아야 할 것은 함께여서 행복했던 순간이었음을 당시에는 몰랐다. 더 좋은 집이 그리웠고 돈을 얼른 많이 모아야 한다는 생각뿐이었다.

함박웃음 지으며 손뼉 치고 계시는 친정어머니는 요양병원에 몇 년째 계신다. 넘어지신 이후로 걸을 수 없는 데다 초기 치매까지 온 상태이다. 당뇨로 눈동자까지 변해버린 어머니 눈에서 사진 속처럼 다정스러운 눈빛이 나올 수 있을까?

뒷모습만 보이는 딸. 생애 처음으로 해 본 파마를 유치원 아이들이 뽀글뽀글 아줌마라고 놀려서 울었었지. 내 눈에는 깜찍하고 귀여웠던 그때 딸아이 눈에는 엄마가 그득했었다. 어느 날 인상을 찌푸리면서 얘기하는 딸의 모습에서 나를 발견할 수 있었고 엄마 행복하냐고 묻는 일곱 살 딸에게 난 마땅히 할 말을 못 찾고 있었다. 딸의 눈은 엄마만 바라보고 있는데 난 그렇지가 못했다. 바쁜 일상이 무언가 항상 해야 했고 아등바등했었다. 그런 나를 따라다니는 눈이 또 있었으니 친정어머니였다. 어머니의 눈 속에도 내가 그득했는데 그 시선이 불편했고 잔소리로 이어진다고 싫어하였다.

    십 년이 넘게 흐른 지금 난 딸아이와 눈 한번 맞추고 싶어서 안달이다. 하지만 핸드폰에 시선이 머문 딸아이의 성의 없는 대답만 허공에 메아리친다. 두 눈에 엄마만 가득했던 시절은 사진 속에서나 존재하는 것이다. 언제부턴가 딸의 눈동자는 내가 아닌 핸드폰과 친구를 담고 있다.

    어렸을 적 딸의 눈동자에 내 모습이 담겨있을 때 시간을 내어 바라보았어야 했다. 생기로 가득한 반짝이는 눈동자에서 희망을 보고 행복을 느꼈어야 했는데 난 밖에서 행복을 찾아 헤매었다.

    사진은 있는 그대로를 보여주고, 있는 것을 진솔하게 얘기해준다. 지금까지의 삶을 죽 필름처럼 돌려 내 눈앞에 흐르게 한다면 잊히지 않는 순간들이 사진처럼 정지된 느낌이 들 때가 있다. 어떻게 보면 아주 사소하고 평범한 일상들이 지금에서 보면 사무치게 그리운 시간이라는 거다.

사진 오른쪽에서 손뼉은 치지 않고 이쑤시개를 들고 있는 그이. 식탁 위에 고추도 그가 고추장에 찍어 먹던 것이리라. 통통하고 생기 넘치던 저 모습을 어디서 볼 수 있을까? 빈자리를 누구도 대신해 줄 수 없는 그 자리. 둥그런 식탁에 시간이 흘러 다시 둘러앉는다 해도 다 채울 수 없는 빈자리가 있다.

눈길 돌릴 때마다 눈동자 가득 살아나는 얼굴, 내가 지금 그를 생각하고 있듯이 그도 나를 생각하고 있을까? 내가 그를 그리워하듯 그 사람 또한 시공을 초월해서 나처럼 그리워하고 있을까?

단 한번, 일 분만이라도 그를 볼 수 있는 행운을 준다면 두 눈을 바라보며 내 눈 속에 그를 심고 그의 눈동자에 나를 심고 싶다.

숨

 아주 음습하고 긴 슬픔이었다. 그의 기척이 없는 방안엔 날지 못하는 기억들이 아슴아슴하게 남아 하루를 연다. 한 송이 꽃이 피어나듯 생각들이 펼쳐진다. 남겨진 추억은 아프지만 그립다.
 염습 시간. 움직이지 않게 고인의 어깨를 꽉 잡으라 하여 아들이 맡았다. 망자와의 마지막 이별 시간, 다들 유리 벽 사이로 지켜보는데 중학생 아들은 아무 말 없이 누워있는 제 아빠의 얼굴을 응시한 채 어깨를 부여잡는다. 아들 손으로 전해지는 느낌이 차가웠을 테다.

집에서 남편은 고통스럽게 3일째 숨을 이어갔다. 시어머니는 한사코 병원으로 데려가려는 나를 나무랐다. 의식은 없지만 울부짖는 그를 보다 못해 병원으로 옮겼다. 진통제가 들어가자마자 신음이 멈추며 잠들었다. 죽음을 가까이서 지켜보지 못한 나는 저세상으로 가기 전 마지막 몸부림이 두려움인 줄 알았는데 통증이었나 보다. 5년 동안 투병하다 마지막 보낼 때도 너무 고통스럽게 했다는 미안함으로 가슴이 저렸다.

이튿날 아침, 학교에 아이들을 데려다주기 위해 잠깐 나왔는데 병원에 계시던 어머니에게 연락이 왔다. 내가 "여보, 쌍둥이 학교에 데려다주고 올게." 얘기하고 문밖으로 나오자마자 의식이 없던 그가 눈을 번쩍 떴다 바로 감았다고 한다. 숨이 멎는 게 눈 한번 크게 떴다가 감는 것처럼 허망한 것인가.

차가 병원을 조금 벗어났다 돌아왔을 뿐인데 서둘러 와서 안아본 그는 차가웠다. 이미 온몸이 노랗게 변한 그, '차다.'는 느낌만 남긴 마지막 포옹을 하고 떠나갔다.

제 아버지 염습 때만 해도 아들은 소년이었는데 감실감실한 턱수염을 보니 이제는 소년티를 벗어나는 것 같다. 마지막으로 잡았던 제 아빠의 차디찬 느낌을 아들은 평생 잊지 못할 거 같다.

다시 볼 수 없는 영원한 이별, 그런 이별은 슬픔과 애절한 그리움만 남긴다. 죽음 너머의 세계는 과연 있을까. 이 세상에서 저세상으로 가는 길은 어떤 과정일까? 영혼의 세계. 육체가 사라진 후 그 너머 사후의 세계가 존재한다고 믿었다. 육체는 사라져도 영혼은 살아있다고 의식적으로 믿었다. 숨이 멎어서 이 세상에 같이할 수 없는 이의 빈자리를 육체는 없어도 영혼은 같이 있다고 믿어야 그 슬픔의 무게를 견딜 수 있었기 때문이다.

최근 미국에서 백인 경찰관이 비무장 흑인을 체포하다 숨지게 한 사건이 발생했다. 식당 경비원으로 일하던 아프리카계 미국인 조지 플로이드가 경찰에 체포되는 과정에서 숨졌다. 플로이드는 이미 수갑을 뒤로 찬 상태였지만 경찰관 한 명이 길바닥에 엎드려 있는 플로이드의 목을 무릎으로 누르고 있는 동영상을 보았다. 플로이드가 일그러진 표정으로 "제발, 제발, 제발, 숨을 쉴 수 없어요." 울부짖지만 경찰관은 아랑곳하지 않았다. 숨을 쉴 수 없다고 하는데도 눈

하나 까딱하지 않던 백인 경찰은 인간의 탈을 쓴 저승사자였다.

무릎에 눌린 채 8분 만에 숨이 멎었다. 뿔난 시민들의 시위가 이어졌고, 시위대는 손을 뒤로 한 채 플로이드가 무릎에 눌렸을 고통의 시간 8분 동안 엎드려서 그를 애도했다.

공기를 들이마시고 내쉬는 과정이 숨이다. 반복되는 이 행위가 생과 사를 가늠하는 잣대가 된다. 숨을 들이마실 때는 횡격막 등 10개의 근육이, 내쉴 때는 속 갈비사이근 등 8개의 근육이 사용된다고 한다. 들숨 날숨의 조화가 이뤄져야 건강한 삶을 이어 갈 수가 있다.

지천명이 되어 가까운 이의 숨이 끊기는 슬픔을 지켜봐야 한다는 것이 내게 왔듯이, 어쩌면 전혀 예상치 못한 순간에 나 역시 그렇게 허망하게 떠날 수도 있다는 생각이 든다.

숨이 끊어진 사람의 온기를 느끼고 싶을 때, 그를 한 번만이라도 만지고 싶을 때, 그 슬픔이 화산처럼 솟구칠 때 살아있는 자는 그저 견뎌내야 한다. 문득문득 가슴 절절하게 통증을 느끼더라도. 그래서 숨을 쉬고 있는 한 이별은 언제나 안타깝고도 서럽다. 슬픔의 무게를 잴 수는 없지만 어떤 슬픔이건 간에 상처를 주고 아프게 만들게 마련이다.

과연 인간은 숨을 쉬지 않고 얼마나 견디며 생명을 유지할 수 있을까. 일부 훈련된 사람을 제외하면 겨우 몇 분이라는 게 의학적인 통계이다. 무의식적으로 반복되는 숨을 들이마시고 내 쉬는 행위야 말로 살아있다는 가장 확실한 증거이다.

코로나19로 숨진 사람의 폐에는 코 같은 점액질로 가득 차 있었다는 의료진 말에 소름이 돋는다. 그렇게 되기까지 얼마나 답답했을까, 시원스레 코를 드나드는 숨이 이렇게 고마울 줄이야.

과거와 현대가 공존하는 곳

 향토 사진작가의 작품에 자주 등장하는 소나무와 해넘이 배경이 어디인지 궁금하던 터에 정북 토성임을 알게 되었다. 한번 가봐야지 생각하고 있던 터에 국립청주박물관에서 '호서의 마한'전을 보고 내친김에 찾았다.
 내비게이션은 멀찌감치 미호천변에서 알림을 멈추었다. 저만치 논 사이에 토성이 보인다. 주차장을 가려면 어떻게 가야 할지 난감했다. 지인 사진작가에게 전화했다. 논길을 따라가면 분명 주차장이 있다는데 길은 안보이고 무서움이 많은 나로서는 아주 난감했다. 한여름 태양은 강렬하게 내리쬐는데 일단 안전한 곳에 주차하고 논과 논 사잇길을 걷다 보니 농로이긴 하지만 중소형 차는 다닐 수 있을 것 같았다. 일하는 농부에게 주차장을 여쭤보니 모른다는 대답만 돌아왔다. 그런 곳에는 관심이 없는 듯했다.

소나무만 외로이 있는 사진만 보았을 때는 허허벌판에 있는 줄 알았는데 의외였다. 청주의 서북쪽에 자리했는데 오창읍이 가깝게 보인다. 도심의 언저리 드넓은 초원인데 토성이라고, 상당산성 같은 크고 웅장한 성이 아니었다. 토성 주위에는 미호천과 논들이 평화지대를 이루고 있다.

청주 정북동 토성은 미호천변 평야의 중심에 흙으로 쌓은 토성이다. 정방형의 토성인 성안에서는 주거지, 기둥구멍, 길, 돌무더기 등이 확인되었고, 성 밖에서는 성을 둘러싸 적의 침입으로부터 성을 보호하는 물길인 해자가 있다.

정북 토성의 구조와 그 안에서 출토된 유물은 우리나라 초기의 토성 축조 연구에 큰 도움을 주었다.

　마한 문화체험을 알리는 깃발 십여 개가 바람에 날리고 있다. 토성으로 침입하려는 적을 막기 위한 민초들의 함성이 들리는 듯하다. 실제로 적이 토성으로 진입할 때를 대비해 모아 둔 돌멩이들이 많이 발견되었다고 한다. 돌멩이는 아녀자나 어린아이들도 전투에 동원되었을 것이라 추측이 된다.

　인걸은 가고 추억만이 남았다는 옛 시를 떠올리며 숙연해진다. 아주 오래전 선조들이 토성 안에서 거주하던 곳. 선조들의 혼을 온몸으로 느낄 수 있는 정북동 토성. 평평하게 다져진 흙바닥에 잔디와 풀과 꽃들이 활짝 피어 있다. 상당산성에서 우암산까지 이어지는 산너울을 바라보며 잠시 토성 위를 거닐어 본다. 선조들은 가고 없어도 이곳에서 꽃이 피고 씨앗이 떨어져 다시 태어났던, 바람에 날려 온 씨앗이던 간에 내 눈에는 허투루 보이지 않는다.

　토성 안에서 사진을 찍었다. 날씨에 따라 시간에 따라 배경이 되어주는 사람들의 포즈에 따라 다양한 이야기를 들려주는 곳. 해 질 녘이 되자 사진작가들은 미리 자리를 잡아놓았고 연인들도 많이 오는 걸 보니, 토성을 왜 혼자 갔느냐고 반문하던 작가의 말이 떠오

과거와 현대가 공존하는 곳

른다. 셔터만 누르면 어디든 작품이 될듯하다. 토성을 둘러싼 외곽 길도 예뻐서 사계절 웨딩촬영 장소로도 유명하다고 한다.

　토성에는 소나무가 네 그루인데 유독 사진에는 소나무 한 그루만 모델이 되고 있다. 난 소나무와 사람, 행글라이더, 해를 한 화면에 찍어 그곳에서 만난 사진작가에게 보여 주었더니 사진도 수필과 같다고 한다. 한 화면에 너무 많은 걸 담으면 안 되고 포인트를 잡아야 한다고, 아하, 그래서 다른 소나무와 좀 떨어져 있는 소나무를 왕따 나무라고 표현하면서 집중적으로 찍는 거구나 싶다.

　비가 온 날은 비가 고인 물웅덩이와 같이 토성의 풍경을 찍기 위해 사진작가들이 찾는다. 특히 화장실 앞에 물웅덩이가 생기는데 그곳에서 많이 찍는단다. 어둑해질 무렵 물을 떠다 바닥에 뿌린다. 고인 물가에 빨간 드레스를 입은 여인이 꽃을 들고 있으면 물속에 투영된 사진을 찍느라 바쁘다. 의도된 연출이다.

　꼭 일몰이 아니라도 토성은 아름답다. 선조들의 숨결을 느낄 수 있고, 도심에서 멀지 않은 곳이라 마음만 먹으면 후딱 다녀올 수 있는 곳이다. 비 온 다음 날 가면 노을이 더 아름답다고 한다. 토성을 다녀온 후로는 해 질 녘이면 그곳의 왕따 나무에서 오늘도 누군가

사진을 찍고 있겠지 싶다.

정북 토성은 옛것을 보존만 하는 곳이 아니다. 사철 많은 사람들이 찾아와 느끼고 즐기는 과거와 현대가 공존하는 자랑스러운 우리 문화유산이다.

호드기

 명륜당 뜰이 아이들 소리로 차고 넘친다. 잔디밭에서 이리 뛰고 저리 뛰어다니는 아이들. 문의향교에 웃음꽃이 피었다.
 오늘은 푸른솔문인협회가 주최하는 버드나무 축젯날. 동화구연 대회, 청소년 백일장, 호드기 불기 대회가 있다. 호드기 불기는 나뭇가지에 새순이 돋아날 무렵 물오른 버드나무, 미루나무 껍질로 만들어 부는 놀이다.

　노란 수선화가 피어 있는 고적사 뜰에 버드나무 가지가 물통에 가득 담겨있다. 나무의 결이 줄기마다 아로새겨져 있다. 냇가에서 물기 오른 푸른 봄이 행사를 위해 누워있다.

　물이 차란차란한 물통 앞에서 연세 지극하신 분이 호드기를 만든다. 적당한 굵기의 가지를 꺾어 조심스럽게 비틀어 나무속을 빼낸다. 속이 빈 껍질을 약 6~8cm 길이로 자르고 한쪽 끝의 겉껍질을 조금 벗겨내어 입으로 부니 소리가 났다. 아이들 눈이 동그래졌다. 호드기는 만들자마자 줄 서서 기다리는 아이들 손에 쥐어졌고 여기 저기서 뚜~~ 삐~~ 소리가 났다.

　버드나무 가지를 잘라 비틀어 보았다. 속과 겉껍질이 분리되어야 하는데 꼼짝을 안 한다. 돌리고 비틀어보아도 소용이 없다. 애꿎은 나뭇가지만 자르고 비틀고 또 자르면서 나무 탓만 하는데, 연세 드신 분은 능숙하게 하얀 속을 죽 뺀다. 잎사귀가 나와 시기가 지나 그렇다며 호드기 하나를 주신다. 얼마 만에 보는 호드기던가.

　입에 넣고 바람을 불자 아무 소리가 안 난다. 아이들은 입을 모으며 호드기를 부는데 영 진도가 안 나간다. 고적사 댓돌에 앉아 경쟁하듯 불어대는 아이들에게 물어보니 다들 처음 불어보는데 재미있단다. 얼굴이 벌게지도록 신나서 부는데 호드기가 입안에 절반은 들어가 있다.

나도 입에 푹 넣어 불어보니 우~~ 한다. 소리가 난다고 신이 나서 소리쳤다. 어렸을 때도 이랬던가. 입술에 떨림이 있다. 호드기에서 나는 소리만큼 입술에서 진동이 느껴진다. 겉껍질을 벗겨낸 부분이 떨림판이었다. 가지가 꺾이어도 노래를 부르는 버드나무.

어릴 적 학교가 파하고 십리 길을 걸어 집에 가다 보면 친구가 쉬어가자며 물가로 데려갔다. 냇가 버드나무 가지를 꺾어 금세 호드기를 만들어 주었다. 호드기는 길이가 짧을수록 높고 맑은 음이 나며, 길수록 탁하고 낮은 소리가 난다. 누가 더 오래 부는지 시합을 해서 진 사람이 이긴 친구 가방을 들어주기도 하였다.

호드기는 마르면 소리가 안 나니 만드는 대로 물에 담가 놓았다. 대회가 시작되었다. 뚜-- 힘차게 오래도록 부는 아이들이 많다. 굵기나 부는 방법에 따라 소리도 제각각이다. 어른들은 호드기를 노래에 맞춰 불러댄다. 손으로 바람을 넣어가며 불기도 하고 국악 한가락 하듯 양손으로 춤을 추는 이도 있다.

호드기 구멍의 크기에 따라서도 소리가 다르게 나는데 구멍이 굵을수록 낮은음이, 가늘수록 높은음이 나는 것이 다른 관악기와 비슷하다. 봄날 따스한 햇볕을 받으며 승패를 가누기보다 호드기를 즐기면서 분위기는 달아올랐다. 아이들은 나뭇가지에서 소리가 나는 것에 신기해하고 어른들은 어릴 적 추억에 젖어 부는 사람도, 지켜보는 사람도 미소가 끊이지 않는다.

　　명륜당 팔작지붕 위로 양성산 봄빛이 내려앉았다. 사람들과 가까이 소통하는 향교와의 만남이 참 좋다. 역사와 삶의 숨결이 살아 숨 쉬는 문의향교, 해마다 봄이 오면 아련한 추억을 소환하는 호드기 소리로 가득하겠지.

고사리

 나뭇가지 사이에서 속살거리는 바람결이 만져질 듯 산뜻하다. 상큼함이 느껴지는 뒷산에 시선이 머물다 보니 시골 살 적 산에 오르던 때가 생각난다.
 물오른 나무에 새순이 돋아 홑잎, 다래순, 참취, 원추리나물을 뜯다 보면 어느 순간 솜털 보송보송한 고사리가 눈에 띈다. 반가움에 얼른 꺾어서 앞치마에 담고 발걸음 돌려보면 눈 맞추는 고사리. 갓 자랐을 때는 양수 속에서 태아가 주먹 쥐고 있는 모습 같고, 조금 핀 것은 아기가 무엇을 움켜쥐려고 살짝 쥔 모양에 흰 솜털로 덮여있다. 그래서 어린아이의 손을 고사리손이라고 하였던가.

풀섶이나 작은 나무 밑에서 땅을 뚫고 여기저기 삐죽 솟아난 앙증스러운 모습들, 고사리 밑동을 손으로 잡고 힘을 주면 '툭' 소리를 내며 꺾인다. 뚝뚝 다리 부러지는 고사리의 신음이 많아질수록 그럭저럭하던 산자락은 황금산이라도 된 양 반갑다.

사실 고사리는 여유를 가지고 살펴야 눈에 띈다. 힐끗거리며 오르면 눈에 띄지 않다가, 잠시 쉬려고 앉아서 찬찬히 살펴보면 보인다. 허리 구부리고 둘러보면 저만치서 손짓하는 고사리. 곧장 그곳으로 가야지 가다 눈에 띄는 고사리를 먼저 꺾고 가면 원했던 고사리는 보이지 않는다.

인생이라는 길에서도 목표를 정했으면 목적지를 향해서 가야지, 가다가 다른 것이 탐난다고 기웃거리다 보면 자기가 바라던 것과 전혀 다른 길로 접어들어 있음을 느끼는 것과 같다고나 할까. 나중에라도 원래 있던 자리로 와서 다시 가면 늦더라도 목표는 달성할 수 있다. 언제 다시 갈까 싶은 마음에 계속 샛길에 연연하다 보면 원하는 인생과는 동떨어진 삶을 살게 되지 않을까.

한 개라도 더 꺾으려고 고사리를 따라 쉴 새 없이 산을 헤집다 보면 잡념이 사라진다. 속살대는 봄바람에 앞가슴 단추를 풀어 땀을 식혀본다. 가슴 짓누르던 상념의 끈도 느슨하게 풀고 묵직해진 고사리 더미도 내려놓는다. 앞치마에 담겨있는 고사리는 단순히 무게로 값을 매길 수는 없다. 고사리 한 움큼에는 수많은 땀이 담겨있기 때문이다.

발목에 차이던 풀은 날씨가 따뜻해지면서 수풀이 된다. 그만큼 뱀에 대한 두려움을 안고 고사리를 꺾는다. 구름 낀 날이었다. 동네 아낙들은 전날까지 내린 비에 일이 밀려 모두 논으로 나가고 혼자 산을 올랐는데 산자락에서 뭔가 쑥 지나간다. 뱀이었다. 온몸의 세포들이 곤두서고 머리는 멍했지만, 그날따라 다녀간 이가 없는지 고사리 천지였다.

발길 돌리는 데로 보이는 고사리의 유혹을 버리지 못하고 눅눅한 산을 헤매는데 낮은 나무 위에서 몸을 돌돌 말고 머리를 쳐들고 있는 독사를 발견했다. 순간 도망가야 하는데 발이 땅에 붙어버렸다.

덜덜 떨고 있다가 어떻게 산에서 내려왔는지 기억이 없다.

고사리를 꺾어 온 날이면 눈에서는 고사리가 왔다 갔다 했는데 그때부터는 똬리를 틀고 있는 뱀만 아른거렸다. 징징 울면서 산에서 내려온 나를 동네 아낙들은 덜 생겼다면서 웃지만, 그날부터 산에 눈길을 주지 않았다.

난 일상 속에서 해야 할 일을 차일피일 미루며 산다. 고사리에 대한 집착을 뱀이 끊게 해 주었듯 뭔가 큰 것을 잃고 나서야 후회하게 될지도 모른다.

포자로 번식하는 고사리는 한자리에서 열 번 이상 채취할 수 있다. 내어주고 또 내어주는 고사리처럼 내 할 일 바지런히 하리라.

작은 숲

겨울

혜원은 오랜만에 고향 집으로 돌아온다. 엄마와 함께 살았지만 지금은 텅 비어 있는 집으로. 집에 불을 피우고 무엇을 먹어야 하나 고민하다 눈밭에 있던 배추로 국을 끓여 끼니를 때운다.

임순례 감독의 영화 리틀 포레스트는 그렇게 나를 화면 속으로 초대했다. 일본 만화가 원작이다. 시험, 연애, 취업까지 뭐 하나 뜻대로 되지 않는 혜원(김태리)이 서울의 삶을 뒤로한 채 고향으로 돌아와 오랜 친구 재하(류준열), 은숙(진기주)을 만난다. 직접 키운 농산물로 한 끼 한 끼를 만들어 먹으며 자신만의 삶의 방식을 찾아가는 이야기를 담은 작품이다.

자전거로 달리던 논과 밭, 집 앞의 텃밭 등 영화는 목가적인 사계절 시골 풍경을 수채화로 그려냈다. 자연에서 얻은 싱싱한 재료가 그녀의 허기를 채움은 물론이고 열여섯 가지 요리가 영화에 스며있다. 양파 심고 감 따고, 막걸리와 떡을 만들며 주인공은 얘기한다. '겨울만 보고 올라가기엔 너무 억울하잖아. 긴 겨울을 뚫고 봄의 작은 정령이 올라오는 그때까지 있으면 해답을 찾을 수 있을까.' 도망치듯 고향을 떠나 서울로 갔던 혜원. 시험에 떨어지고 또다시 도망치듯 돌아온 고향, 도시 생활에 지쳐있던 혜원은 조금 더 고향 집에 머물러보기로 한다.

봄

혜원은 봄나물도 캐고 쑥을 뜯고 감자도 심어본다. '기다려야 최고의 음식을 맛볼 수 있다.'고 말했던 엄마가 생각난다. 자신을 떠나버린 엄마인데 고향에 돌아와서 무엇을 하든 자꾸 생각난다. 엄마는 혜원이 수능시험을 본 지 얼마 안 돼 편지만 써 놓고 집을 나갔다. 스무 살 딸만 홀로 두고 집 떠난 엄마를 이해할 수 없었다.

한편 생각해보니 남편의 요양 때문에 내려왔지만, 남편이 세상을 떠났어도 딸의 수능이 끝날 때까지 시골에 있던 엄마를 생각해본다. 그녀는 과연 시골이 좋아 머물렀을까.

나도 남편이 아팠을 때 쌍둥이는 초등학교 5학년이었다. 남편의 가까운 친구조차 시골 가서 요양하지 왜 도시에 있냐는 이야기를 다른 사람을 통해 들었다. 시골로 간다고 모든 게 해결될까. 돈이 있어야 요양도 하고 이제 초등학생인 아이들은 누가 먹여 살린단 말인가. 돈도 벌면서 병수발에 지친 내게는 모두 상처 주는 말이었다.

무슨 일을 하며 생활하였는지 영화는 보여주지 않지만 평상에 앉아 혜원과 토마토를 먹는 장면이 있다. 엄마는 먹던 토마토를 획

텃밭에 던진다. 덜 익어 버려진 토마토는 싹을 틔우지 않는다고 한다. 하지만 그 토마토가 양지바른 곳에서 온전한 햇볕을 받으며 건강하게 자라 완숙된 토마토라면. 그냥 버려져도 싹을 틔우고 자란다고 한다. 자연이 주는 자생력이다. 혜원에게 엄마가 기대하는 부분이리라.

여름

잡초는 뽑고 뽑아도 다시 올라온다. 마음의 걱정처럼. 어릴 때 학교에서 왕따를 당하던 혜원에게 엄마가 해 준 음식을 기억하고, 다투어 토라진 친구 은숙에게 크림 브륄레를 만들어주며 화해를 한다.

가을

추수를 앞둔 시기에 태풍이 휩쓸어 농작물 피해가 극심하다. 이처럼 전혀 예상치 못한 시련이 찾아와도 다음을 기약하는 것. 태풍으로 떨어진 과수원에서 재하는 사과하나를 따서 혜원에게 건넨다. '이거 받아, 바쁘게 산다고 문제가 해결되는 거 아냐. 이 사과는 끝까지 버티더라. 너랑 다르게.'

혜원은 엄마의 편지를 다시 읽어본다. 어릴 때는 이해가 안 갔지만 시련을 견디고 다시 읽어보니 이제야 내용을 이해할 수 있게 된다. 던져놓은 토마토가 땅을 파고 들어가 뿌리를 내리듯 혜원은 일 년간 건강하게 자랐다. 다시 도시로 돌아가더라도 버텨낼 힘을 얻게 되었다.

다시 겨울

그녀는 친구들에게 메모 한 장 남겨두고 다시 도시로 떠난다. 그런 혜원을 원망하는 은숙에게 재하는 양파의 '아주 심기'에 대해 이야기한다. 튼튼한 양파를 얻기 위해서는 한겨울의 추위가 오기 전에 미리 모종을 심어놓아야 한다. 그렇게 심은 양파는 미리 뿌리를 내리고, 한겨울 추위를 견딤으로써 봄이 왔을 때 아주 튼실한 양파로

자라나게 된다. 이처럼 한곳에 자리 잡고 뿌리를 내리는 것, 그것이 바로 아주 심기라고.

서울에서 봄을 다시 맞이하게 된 혜원 그리고 고향으로 다시 돌아온다. 그녀의 집 문이 활짝 열려있다. 그것을 본 혜원은 환하게 웃으며 끝나는 것이 리틀 포레스트 결말이다.

영화가 끝난 뒤, 아무렇게나 막 내던져도 쑥쑥 성장하는 토마토처럼 이곳에서의 흙냄새와 바람과 햇볕을 기억한다면 언제든 다시 털고 일어날 수 있을 거라는 엄마의 말뜻을 이해한다.

리틀 포레스트 뜻은 작은 숲이라는 의미다. 자신만의 숲이 있으면 태풍에도 견뎌낸 사과처럼 단단한 사람이 될 수 있다는 의미 같다. 그동안 엄마에게는 자연과 요리, 딸에 대한 사랑이 그녀만의 작은 숲이었다. 혜원이 '이제 나도 나만의 작은 숲을 만들어야겠다.'라고 말하는 것을 보면 혜원도 엄마의 인생을 이해한 듯싶다.

임순례 감독은 이 잔잔한 영화를 통해 당신의 소중함의 결정체라 할 수 있는 '작은 숲'은 무엇이며 어디에 있냐고 묻는다. 우리 마음 속 작은 숲에 대한 갈망을 부추긴다. 아주 심기한 양파가 겨울을 이겨내고 봄에 단맛을 내듯 인생에서 시련도 필요하다고, 엄마의 음성으로 기분 좋게 속삭이는 영화 리틀 포레스트.

　잠시 쉬어가도, 조금 달라도, 서툴러도 괜찮다는 포스터의 대사처럼 밋밋한 듯 단순하면서도 빠져드는 영화이다. 모처럼 힐링이 되었던 영화. 나도 이제 내 작은 숲을 찾아야겠다.

시간의 벽

간밤에 춘설이 내렸다.

봄은 왔건만 봄이 아니다. 절기상으로 춘분인데 산은 온통 흰빛이다. 서둘러 꽃망울 터트렸을 꽃들이 걱정된다. 사계절 중에 봄은 어느 계절보다 사무치게 그립고 버선발로 뛰어나가 맞이할 만큼 반갑다. 모질게 추운 겨울의 끝자락에서 오는 계절이라 그럴 것이다.

방송통신대학교 국어국문학과 스터디에서 봄에 대한 토론이 있었다. 꽃에 조예가 있는 학우가 봄마다 회자하는 춘래불사춘春來不似春에 관해 이야기하였다. 왕소군王昭君의 슬픈 사연을 노래한 당나라 시인 동방규의 시 〈소군원〉에서 유래했다.

오랑캐 땅에는 화초 없으니/ 봄이 와도 봄은 아니리// 저절로 허리띠 느슨해지는 것은 /허리 날씬하게 하려던 것 아니라네//

오랑캐 땅은 흉노의 땅이다. 왕소군은 중국 원제 때의 궁녀였다. 한나라는 술과 비단 같은 공물은 물론, 왕실의 공주를 흉노의 군주에게 배우자로 보냈다. 11대 황제였던 원제는 궁녀를 공주로 속여 보내기도 했다.

원제에게는 궁녀가 너무 많아 화공을 시켜 궁녀들의 얼굴을 그리게 한 다음, 화첩에서 마음에 드는 여인을 선택했다. 이에 모든 궁녀는 그림을 잘 그려 달라고 뇌물을 썼으나 왕소군만 뇌물을 바치지 않았다. 때문에 절세의 미인이었지만 왕의 부름을 한 번도 받지 못하였다고 한다.

흉노에게는 가장 못생긴 왕소군을 공주라 속여 보냈는데, 원제가 출가하는 왕소군을 보니 천하절색이었으므로 크게 후회했다고 한다. 억울하게 고향을 떠난 왕소군의 삶은 아무리 외로워도 고향으로 돌아갈 수 없었고, 저절로 허리띠가 느슨해질 만큼 야위어갔으니 봄이 와도 결코 봄이 아니었으리라.

고등학교 선생님인 학우는 학생들에게 봄에 관해 물어보면 도전, 설렘보다는 압박, 스트레스란 단어를 이야기한단다. 대학 입시라는 거대한 벽으로 아이들을 몰아붙이니 무슨 마음의 여유가 있으랴. 가능하다면 그들에게 열정과 패기가 넘치는 10대 시절을 돌려주고 싶다.

대학은 졸업했지만, 전공을 살려 원하는 곳에 취업하거나 경제 활동으로 고소득을 올리는 사람은 소수에 불과하다. 그런데도 좋은 대학을 가려고 치열하게 공부하고 있다. 넘을 수 없는 벽壁을 마주친 것처럼 막막한 환경 속에서 경제의 벽, 시간의 벽, 능력의 한계 등 각종 벽 때문에 애써 기어오르다 좌절하기도 한다.

간호조무사로 25년여를 근무했던 학우가 올해 간호학과에 입학했다. 시간의 벽을 거슬러 다시 젊음으로 돌아간 느낌이란다. 하지만 어린 학우들을 보면 안쓰럽단다. 김밥이나 컵라면으로 대충 끼니를 때우며 대학 1학년부터 오로지 취업을 위해 공부하는 모습을 보면 안타깝단다. 학점은 기본이고 어학, 각종 자격증 등 다양한 스펙을 쌓아도 취업의 벽은 높기만 하다. 오직 꿈과 희망을 향해 질주하는 20대 청춘의 모습이 보고 싶다. 미숙하고 완성되지 못해 비록 바람에 흔들리지만 꽃피는 봄날을 기다릴 시기이다.

서울서 통학하는 학생은 수업 시간에 늘 엎드려 잔단다. 대학에 들어가는 조건으로 음악 활동을 허락받았던 그 학우는 학교 가요제에서 음악에 완전 몰입해 신나게 랩을 하더란다. 인간은 무엇인가에 몰입 시켜 보람과 행복을 찾고자 하나, 벽에 부딪히면 좌절하고 절망한다. 다시 일어서지 않으면 영영 넘지 못한다. 어렵게 벽을 뛰어넘었던 경험은 살아가면서 겪어야 할 수많은 고난을 헤치고 나갈 힘의 원천이 될 것이다.

만약 왕소군이 화공에게 뇌물을 주었더라면 따스한 봄이 왔을까? 또 학생들이 학업이나 취업에 대한 압박보다는 즐거운 마음으로 공부를 한다면 인생의 봄을 즐기지 않을까? 대학 대신 랩을 하는 것을 부모가 허락했다면 누군가는 치열하게 사는 낮의 삶을 허투루 버리고, 밤에만 온전한 내가 되어 랩을 즐기지는 않으리라.

우리는 알게 모르게 수많은 벽에 둘러 쌓여있다. 세상 살기가 힘들다고 할 수도 있고, 아직은 살만하다고 생각할 수도 있다. 마음먹기에 달려있다. 어느 삶이건 목표를 위해들인 시간과 노력이 있다. 그러나 생사를 가늠하는 시간의 벽은 누구에게나 공평하게 다가온다.

시간의 벽을 넘어 새내기가 된 학우에게 힘찬 박수를 보낸다.

춘설은 내렸지만 분명 봄은 오고 있지 않은가.

금천동은 살아있다

 풋풋함에서 잘 익은 사과를 꿈꾼다. 과수원에서 봉사활동으로 적과를 하고 온 뒤로는 사과가 더 예쁘게 보인다.
 금천동에서 농촌 봉사활동을 나갔었다. 코로나19의 장기화로 인력수급이 부족해 적기에 열매솎기가 어려운 사과 농가를 지원하기 위해서였다. 금천동 주민자치위원을 비롯하여 직능단체 회원들은 구청 버스로 아침 일찍 출발하였다. 겨울을 견디고 꽃피운 뒤 수정된 사과 열매 대여섯 개 중에 제일 실한 것만 남기고 모두 따내고 있다.

나는 처음이지만 해마다 봉사를 한 분들은 능수능란하다. 일부는 거의 봉사가 생활화된 분도 있다. 생강심기, 고구마 심는 거에 비하면 사과 적과는 일이 쉽다고 한다.

어떤 나무는 이상 저온으로 피해를 입어 열매가 시원치 않고 어떤 곳은 열매가 모두 실해 어느 것을 따야 할지 난감하다. 선택과 집중이 필요한 시간이다. 열매의 크기와 품질을 향상하기 위함이지만, 여기서 살아남은 열매라야 가을빛에서 주렁주렁 튼실한 사과를 달릴 수 있기에 최대한 좋은 열매를 남기려고 애를 썼다.

금천동 동장님도 열심이다. 상당구청장님과 미원면 주민자치위원장, 부면장 그리고 직능단체장 몇 분이 격려차 오셨다. 전에는 몰랐는데 주민자치위원을 맡고 보니 동과 자치위원들이 협력해서 마을을 어떻게 하면 쾌적하고 좋은 환경으로 만들까 노심초사하는 게 보인다. 주민자치위원회는 자치센터 운영에 필요한 사항을 심의·결정하기 위해 존재한다. 하지만 주민들의 복지와 지역공동체 형성이 우선이다. 주민들이 불편한 곳이 있는지 말하기 전에 솔선해서

구석구석 찾아 동과 협력하여 섬김의 자세로 일하고 있다.

일손 봉사가 끝나고 '우리 지역 농산물을 팔아주자'는 동장님의 의견으로 브로콜리 농가와 사과 농가를 방문했다. 식구가 없는 나도 기꺼이 동참해 이웃들과 나누니 기쁨도 컸다.

행사나 회의를 할 때면 리더의 역할이 중요하다고 생각한다. 어느 해보다 주민자치위원을 비롯하여 위원장, 동장님, 동 직원 모두 생기가 넘친다. 그래서 난 늘 이야기한다. "금천동이 살아 움직이고 있어요."

'청주 행복지구 민간공모사업'이 작년에 이어 올해도 도심 속 행복텃밭 작은 농부들과 쇠내골 토요문화놀이터를 운영한다. 텃밭에서는 생생한 금천동처럼 채소가 싱싱하게 커가고 있다.

우리의 삶이 모두 그러하듯 단숨에 이루어지는 일은 많지 않다. 보이지 않는 곳에서 마을을 위해 노력한 시간과 비례하여 그 성과 역시 증가한다. 사과 역시 겨우내 모진 추위를 견디며 찬란한 꽃을 피워내고 농부의 손길과 햇빛, 바람으로 우리에게 과실을 안겨주듯 자신의 모든 것을 바쳐 일하는 사람들. 사과나무를 훑어가며 적과가 안 된 가지가 있는지 다시 확인하는 회원들을 보니 미쁘다.

일하다 지쳐 있을 때 누군가는 음료수를 갖다주고 어떤 이는 신나는 노래를 틀어주며 너스레를 떤다. 같이 땀을 흘린다는 것, '여기, 그리고 지금의 삶'을 봉사를 위해 모인 사람들. 늘 보이지 않는 곳에서 꾸준히 일하는 그들을 보며 아직은 살만한 세상이구나 싶다.

사람 사는 일이 땀방울 식혀주는 한 줄기 바람같이, 나뭇잎 부딪히는 바스락 소리 같은 것, 금천동은 내게 늘 능금빛으로 다가오는 곳이다.

part_5

가래떡 • 이 시대의 임꺽정은 어디에 있는가 • 엄마의 밥상
중남미문화원 • 귀벌레 현상(Earworm Syndrome) • 백일장 그 깊은 떨림
대보름 달맞이 • 비로자나불 • 스승의 날에 • 나를 키우는 여행

가래떡

　　이른 새벽, 아버지는 지게를 지고 사립문을 나섰다. 전날 불려 놓은 멥쌀을 어머니가 조리로 일어 물기를 빼놓으면 십 리 길을 걸어가 가래떡을 만들어 오는 일은 아버지 몫이었다.
　　읍내에 있는 떡 방앗간으로 가는 길은 멀고 일기마저 험했다. 눈이 쌓여 길은 미끄럽고 매서운 칼바람이 얼굴을 스쳐 따가웠다.

두 말이나 되는 젖은 쌀을 등에 지고 십 리 길을 걸어가신 아버지. 얼마나 무거우셨을까. 그래도 맛나게 먹을 자식 생각에 마음은 가벼웠으리라. 꼭두새벽에 나섰건만 방앗간은 이미 가래떡을 빼러 온 사람들로 빼곡했다.

언젠가 아버지를 따라 방앗간에 간 적이 있었다. 방앗간은 사람 소리, 기계 소리로 이미 설날인 것마냥 시끌벅적했다. 쌀을 곱게 빻아 수증기로 쪄서 기계에 집어넣으면 그 안에서 기다란 떡이 나오는 게 신기하였다. 숭숭 김이 나는 떡가래를 주인아저씨는 가위로 숭덩숭덩 잘랐다. 얼마나 많이 가래떡을 뽑았는지 자로 잰 것이 아닌데도 고르게 길이를 맞추어 잘랐다. 굵다랗게 뽑혀 나오는 떡가래를 조금 잘라 맛보라고 주면 부드러운 떡살이 술술 넘어갔다.

이제나저제나 하염없이 바라보던 사립문. 따끈따끈한 가래떡을 맛볼 생각에 동구 밖에서 얼마나 기다렸던가. 새벽에 나선 아버지는 어둑해서야 집에 돌아오셨다. 아버지가 가져오신 가래떡을 고구마로 만든 조청에 찍어 먹으면 달콤한 맛과 말랑말랑한 가래의 궁합이 환상이었다. 그야말로 꿀맛이었다.

떡은 얼기 설기로 놓아 굳게 한다. 이튿날 적당하게 굳은 떡을 써는 일이 기다리고 있다. 떡이 덜 굳으면 떡살이 칼날에 묻고, 너무 딱딱하면 아무리 날 선 칼도 썰기가 어렵다.

떡 두 말을 써는 것은 힘든 일이다. 작두로 아버지가 썰기도 하고 어머니와 언니들이 칼로 썰기도 하였다. 어머니는 동글동글하고 예쁘게 썰었다. 어린 나는 처음에는 재미있다가 조금만 지나면 힘들어 꾀가 나기도 하고 손에 물집이 잡히기도 하였다. 그래도 함지박에는 떡 첨이 소복이 쌓였다.

사람 성품도 꼭 가래떡 같다. 너무 물러도 안 되고 너무 강해도 힘들다. 많이 무르면 처음에 좋을지 몰라도 오래가지 못하고 질린다. 덜 굳으면 떡살이 묻어나고 모양도 나오지 않는다. 너무 굳으면 엉덩이를 들어서 힘껏 힘을 가해도 손만 아프지 잘 썰어지지 않으니, 적당히 굳어야 잘 썰리고 모양도 마음에 든다. 그러나 적당한 것이 어디 쉬운 일이던가.

늘 묵묵히 일하셨던 아버지는 어쩌면 겉과 속이 같은 가래떡 같은 분이셨다. 논밭일도 힘들지만 매서운 바람을 맞으며 가래떡을 뽑아오면서도 힘든 내색 하지 않으시고 맛나게 먹는 육 남매를 바라보며 흐뭇한 미소를 지으셨다.

요즘은 대가족 먹으려고 두 말씩 가래떡 뽑는 집은 없을 것이다. 읍내에 가기위해 지게에 지고 경운기에 쌀을 싣고 떡을 하던 시절은 옛이야기, 요즘은 떡집에서 사다 먹는 시대가 되었다.

정갈한 하얀색 가래떡은 새해 아침 동글동글 떡국 떡으로 담겨있다. 깨끗한 떡국을 먹는 것은 청결해야 한다는 뜻이 있다. 가래떡을 길게 뽑는 의미는 무병장수하라는 뜻이고, 엽전같이 써는 것은 동그란 모양이 해를 상징하듯 떡국을 먹고 새해에는 좋은 일이 생기기를 기원하는 마음이 담겨있다.

부모님이 밤새 준비하신 새해 아침을 이제는 내가 자식들을 위해 빚어야 할 때이다.

이 시대의 임꺽정은 어디에 있는가

    삼백여 년 가까이 지켜온 적요한 고택은 쉽사리 범접할 수 없는 기운이 흐른다. 잡초 한 포기 없는 마당, 켜켜이 쌓인 기와가 번성했던 시절을 연상하게 한다. 이끼와 잡초를 이고 있는 기왓장 위로 노랗게 땡감이 익어가고 있다.

    충북 괴산읍 동부리에 위치한 홍범식 고택은 1730년경에 건축

된 것으로 긴 세월을 이어온 주인의 사상과 문화가 있다. 이곳은 경술국치에 항거 자결한 일완 홍범식 선생 1871-1910의 집이자 아들 《임꺽정》의 작가 벽초 홍명희 1888-1968의 생가이다. 다른 사람의 소유로 있다 생가 복원을 위한 노력으로 지금의 모습을 갖추었다.

툇마루에 앉아 홍명희 선생의 문학적 향기를 느껴 본다. 얼마나 많은 사람이 이곳을 거쳐 갔을까. 세월 따라 변하는 고택이지만 매년 어김없이 찾아오는 것은 오늘 같은 가을 햇살이다. 책을 읽다가 흙마당에 내리쬐는 햇볕을 나처럼 이렇게 바라보았을 것이다. 토담과 기와지붕이 잘 어우러져 그 자체만으로 한 폭의 풍경화이다.

사랑채에 발길이 머문다. 이곳은 괴산 만세운동을 비밀리에 준비했다는 유적이다. 홍명희 선생이 독립선언서를 집필하고 민초들은 태극기를 만들며 목숨 걸고 목이 터져라 대한독립만세를 외칠 것을 결의하였으리라.

고택을 나와 다리를 건너면 큰길 왼쪽 느티나무 아래 만세운동 유적비가 있다. 옛 장터 자리이며 충북에서 가장 먼저 만세운동이 일어났던 곳이다. 중원대학교 향토문화연구소 김근수 소장은 괴산 장날 일어난 만세운동은 거센 산불처럼 청주, 옥천, 영동 등으로 옮겨붙었다고 전한다. 하지만 만세운동 유적비에는 정작 만세운동을 주도한 홍명희의 이름이 빠졌으나 삼 년 후 다시 새겨 넣었다고 한다.

만세운동을 주도한 일로 홍명희 선생은 옥살이를 했다. 선생은 독립운동가, 언론인, 교육자, 학자, 소설가, 정치인으로 격랑의 한 시대를 치열하게 살았지만 월북 이후 우리나라에서는 이름조차 떠올리면 안 되었다. 1988년 월북 문인에 대한 해금 조치에 따라 국내에 다시 소개된 '임꺽정'은 대중의 많은 사랑을 받았다.

감옥에서 나온 홍명희 선생은 선산이 있는 제월리로 이사를 하여, 1924년 서울로 이사할 때까지 살았다. 1928년부터 《임꺽정》을 집필해서 조선일보에 연재했으니 괴산에서 살 때는 작품 활동과 큰 연관이 없다. 하지만 작가의 문학적 감성을 키워준 것은 고향 괴산의 풍광이 아닐까 싶다.

찬반 대립 끝에 세워진 홍명희 문학비는 한때 철거당하는 수모를 겪고 다시 세워졌지만 넓은 주차장 한쪽에 휑하니 서 있어 쓸쓸하다. 문학비 뒷면에는 중국 상해에서 독립운동을 모색하다 귀국해 1919년 괴산에서 만세 시위를 주도한 일과 항일운동단체인 신간회를 결성한 일, 1928년부터 10여 년에 걸쳐 조선일보에 소설《임꺽정》을 연재한 내용과 월북 행적이 새겨져 있다. 글씨는 신영복 선생이 썼다. 문학비 앞에는 시민들의 소망을 담은 노둣돌도 마련해 놓아 선생을 추억하며 읽을 수 있다. '이 시대의 임꺽정은 어디에 있는가'라고 쓰인 돌을 보며 마음이 결연해진다.

《임꺽정》은 조선 시대 백정 임꺽정을 주인공으로 당시 백성들의 삶을 잘 묘사한 대하소설이다. 조선일보 연재 당시에도 큰 인기를 끌었던 작품으로 배경이 되는 곳 중에서 안성 칠장사를 다녀왔다.

칠장사 윤민용 해설사에 따르면 홍명희는 자료 수집차 안성을 두 번 다녀갔다고 한다. 소설 속에 안성과 칠장사와 관련된 내용이 현장답사와 고증 등을 통해 이루어졌음을 짐작할 수 있다. 칠장사에 생불生佛이 있다는 소문을 듣고 병해 대사를 찾아간 임꺽정은 그 자리에서 감화돼 평생 스승으로 모셨다. 가죽신을 기워 파는 갓바치였던 스님은 백성들로부터 신망이 두터웠다.

병해 대사가 입적하자 임꺽정이 크게 슬퍼하며 대사가 봐 두었던 느티나무로 불상을 만들어 칠장사 극락전에 모셨단다. 이를 '꺽정불'이라 하는데 하단에는 '봉안 임거정'이라고 쓰인 삼베 조각이 붙어 있다. 충북대학교 연구팀이 삼베 조각 등을 연대측정한 결과 "1540

년을 중간연대로 전후 100년의 방사선 연대측정"이라는 결론을 내려 실제 임꺽정이 봉안했을 것으로 확신하고 있다.

홍명희와 그의 소설 《임꺽정》을 기리는 문학제가 벌써 스물세 해를 맞았다. 대학에서 근대작가론을 배울 때 홍명희 선생에 대해서는 들은 적이 없다. 그를 기리는 문학제도 작가의 고향인 괴산이 아닌 파주에서 열린다. 22회 중 8회만 괴산, 청주에서 개최되었고 나머지는 파주에서 열려 아쉬움이 크다. 하긴 지역 작가이면서도 관심을 갖지 않은 나부터 반성할 일이다.

제월대 절벽 위에 고산정이라는 정자가 있다. 정자로 올라가는 길에 소나무가 멋스럽고 때늦은 애기똥풀과 질경이가 어우러져 피어 있다. 유유히 흐르는 괴강 물줄기와 알곡이 여무는 들판이 펼쳐져 있다. 작가 홍명희는 이곳에서 흘러가는 물줄기를 보며 소설 《임꺽정》에 대한 구상을 하고 있었던 건 아닐까.

벽초 홍명희가 역사소설이자 민중문학인 소설 《임꺽정》에서 지키고자 했던 조선의 정서와 풍속, 풍부한 우리 고유어의 구사로 민족공동체의 아름다운 전통을 재현한 것에 만족하였을까. 소설 《임꺽정》이 미완성이라 아쉽다.

작가가 즐겨 찾던 제월대 앞 괴강은 여전하다. 작가가 살았던 시절에도 강은 흘렀을 테고 이념대립으로 갈등의 뿌리가 깊은 지금도 여울을 이루며 흐른다. 역사도 무심히 흘러간다.

엄마의 밥상

세상에서 가장 받고 싶은 상이 무엇일까요? 엄마의 얼굴, 엄마의 밥상이라고, 암으로 세상을 떠난 엄마를 그리워하며 쓴 초등학생 동시가 심금을 울리고 있습니다.

'아무것도 하지 않아도/ 짜증 섞인 투정에도/ 어김없이 차려지는/ 당연하게 생각되는/ 그런 상(중략)…… 아직도 그리운/ 엄마의

밥상/ 다시 못 받을/ 세상에서 가장 받고 싶은/ 울 엄마 얼굴(상).'

〈가장 받고 싶은 상〉은 이슬 양이 초등학교 6학년 때 지은 동시입니다. 이후 전남 여도 초등학교 조승필 교사의 작곡을 통해 동요로도 만들어졌습니다.

유방암으로 5년 동안 투병하다 젊은 나이에 가족과 이별한 엄마를 그리는 초등학생 이슬 양. '받아도 감사하다는 말 한마디 안 해도 되는 그런 상, 그때는 왜 몰랐을까? 왜 못 보았을까? 그 상을 내시던 주름진 엄마의 손을.' 밥상을 마주할 때마다 음식을 차려주시던 어머니의 얼굴을 떠올렸을 것입니다. 동시를 통해 어머니에 대한 그리움과 밥상의 소중함을 절절하게 표현했습니다.

반찬이 마음에 안 든다고 짜증을 부려도 밥때가 되면 어김없이 차려지는 밥상, 당연하다고 생각되었던 그 밥상을 그리워하며 엄마의 손길이 절실하던 초등학생의 애틋한 마음이 녹아납니다. 하루에 세 번이나 받을 수 있는 상, 아침상 점심상 저녁상이라는 표현에서 가슴이 먹먹해집니다.

남매 쌍둥이인 우리 아이들 생각이 나서 더 아픕니다. 초등학교 5학년 때부터 한 달에 10일은 아이들 손으로 밥상을 차렸으니까요.

투병 중인 아빠를 따라 엄마도 병원으로 가면 아이들이 스스로 일어나 밥해서 차려 먹고 학교에 갔습니다. 삼시 세끼 온전한 엄마의 밥상을 받지 못하는 날들은 5년 동안 이어졌습니다.

일분 쌍둥이 누나는 병구완 중인 엄마의 역할을 했습니다. 아침에 저 혼자 일어나서 동생 깨우고 밥상 차리고 설거지를 하였습니다. 그러다 발을 다쳤습니다. 동생은 밥상을 받지 못하자 냉장고에 있던 죽을 먹고 배탈이 났지요. 발을 다친 딸은 절룩이며 혼자 병원에 가고 배탈 난 아들은 배를 움켜잡고 화장실을 들락날락했을 것입니다. 그래도 병원에 있는 제 부모가 걱정할까 봐 연락을 안 했지요. 퇴원하고 집으로 온 나는 아이들을 보고 속울음을 삼켜야 했습니다. 남편이 미안해할까 봐서요.

이슬 양 아버지는 건설 현장에서 일하며 남매를 보살피고 부인 병간호를 했다고 합니다. 그 삶이 얼마나 힘겹고 버거웠을지 누구보다 더 잘 압니다. 투정 한 번 하지 않는 남매가 대견하면서도 마음이 아팠다고 합니다. 우리 아이들도 그러했으니까요.

〈가장 받고 싶은 상〉 동시를 보며 나 역시 어머니에게 죄송한 마음입니다. 밭일하시는 와중에도 차려 주었을 엄마의 밥상에 대해서 당연하다고 생각만 했지, 고마움을 느끼지 못했으니까요. 요양병원에 6년째 계시는 어머니를 보며 문득문득 어머니가 해 주시던 음식이 그립곤 했습니다. 아, 이제 다시는 못 받을 어머니의 음식이란 생각만 했지, 내가 어머니를 위한 밥상을 차려야겠다는 생각은 미처 하지 못했습니다.

이슬 양은 이제 자기가 엄마에게 상을 차려드린다고, 엄마가 좋아했던 반찬들로만 한가득 담겠다고 했습니다. 그러면서 엄마를 위해 준비한 한가득 음식이 차려진 밥상과 엄마와 손잡고 있는 본인을 그렸습니다. 엄마에게 밥상을 받고 싶지만, 이제는 엄마에게 본인이 차린 밥상을 주고 싶어서 연필로 그림으로나마 그렸습니다. 엄마를 그리워하는 마음이 연필에서 나와 내 마음에 박힙니다.

우리는 태어나면서 어머니의 젖을 먹고 이유식 먹고 밥상을 받으며 자라왔고, 그 어머니는 자식에게 밥상을 차리고, 또다시 자녀에게 밥상을 차리며 살아왔습니다. 평범한 일상, 어쩌면 가장 소중한 순간일 수 있는 엄마의 밥상으로 세월이 흘렀고 생명은 이어져 왔습니다.

시간이 흐른 지금, 난 아이들에게 병시중하던 때의 애절한 마음으로 밥상을 차려주었던가 되새겨봅니다. 친정어머니에게 맛난 음식을 해서 한 상 가득 밥상을 차려 드리려 합니다. 그리고 기회가 된다면 이슬 양에게 세련되고 화려하지는 않더라도 엄마 마음이 들어간 소박한 밥상을 선물해 주고 싶습니다. 밥상을 차리는 사람, 먹는 사람 그 따뜻함으로 마음과 마음이 이어질 테니까요.

엄마의 밥상이 사무치게 그립습니다.

중남미문화원

문학단체에서 하는 기행은 주로 문학관이나 산사였다. 그런데 경기도 고양시에 있는 중남미문화원으로 간다고 했을 때 좀 생소했다.

주택가 골목을 지나 문화원에 들어서면 창을 들고 애마 로시난테를 탄 돈키호테 동상을 마주하게 된다. 우리에게 익숙한 돈키호테를 보는 순간, 문화원은 생소함 대신 친근함으로 다가선다. 붉은 벽돌의 박물관과 미술관 건물이 있고 눈을 돌려 곳곳에 있는 야외 조각상을 보면 가운데 몸이 둥그런 여인상이 낯선 문명지에 온 것이 실감난다.

전시물을 보다 보면 중남미 분위기를 더 느낄 수 있다. 각국의 가면, 토기, 목기, 민속공예품 등 수백 점의 자료들이 전시되어 있다. 일반인들에게 낯선 중남미 지역의 문화와 예술에 대한 이해를 돕고 청소년들에게는 세계화 사회교육의 일환으로 꿈과 이상과 건전한 세계관을 심어주기 위한 취지로 건립했다고 한다.

1994년 중남미 문화원을 설립한 이래 박물관(1994) 미술관(1997) 조각공원(2001) 종교전시관, 벽화, 연구소(2011)까지 설립했다. 박물관에는 중남미의 대표적 문화인 마야, 아즈텍, 잉카 유물 등이 고대에서 현대에 이르기까지 다양하게 전시되어 있고, 미술관에는 중남미를 대표하는 작가들의 그림과 조각들이 전시되어 있다. 또한 조각공원을 비롯한 야외에도 12개국 조각가들의 작품이 산책로, 휴식공간 곳곳에 자리 잡고 있어 예술품을 통한 중남미 문화의 특징을 느낄 수 있다.

문화해설사의 안내로 전시실을 둘러보는 중에 홍갑표 이사장이 오셨다. 중남미 지역 4개국 공관장을 지내며 30여 년간 외교 생활을 했던 남편 이복형 대사와 40여 년에 걸려 수집한 중남미 고대 유물부터 식민기, 근현대 미술 조각 작품을 비싼 값을 치르고 산 건 아니고 벼룩시장에서 찾아냈단다. 보물을 보는 혜안이 있었음이다. 이곳도 노후에 닭이나 기르려고 땅을 샀다가 박물관을 세우려고 했을 때, 누구나 반대했다고 한다.

조각물은 물론 건물 짓는 기둥까지 다 가져와서 지었다고 하니 그간의 고생이 얼마나 심했을까? 벽돌 한 장, 꽃 한 송이, 풀 한 포기도 소중하게 느껴졌다. 그래도 나이 먹어서 이렇게 젊은 사람들과 어울릴 수 있으니 참 잘했다고 생각한단다. 젊게 사시는 비결을 묻자, 항상 감사하며 살면 젊다고 대답하신다.

'문화는 소유가 아니라 나눔이다.'고 말씀하시는 홍 이사장의 말에 힘이 있다. 85세의 나이에도 열정이 넘쳐나고 활기가 느껴진다.

멕시코부터 페루까지 중남미 어느 곳이든 여행을 간다고 하면 비행기를 30시간 이상 타야 만나는 곳이다. 그런데 이곳에서 이국적인 분위기에 심취하며 편하게 구경할 수 있다.

유물을 이렇게 전시하지 않고 개인이 보관하고 있었다면 이런 중남미 문화를 누구나 즐길 수 있었을까? 문화원의 건물과 전시물, 공간의 배치 등을 보며 개인의 힘으로 일궈냈다는 게 믿기지 않는다. 땀과 열정과 혼을 담아 세운 중남미문화원을 사회에 내놓았으니 참 존경스럽다.

붉은 벽돌의 건물, 태양의 돌, 여러 문명의 전시물, 다양하고 독특한 가면, 마야벽화의 기하학적 무늬에 빠져들다 보면 중남미 문화에 한발 다가선 느낌이다.

고대의 마야문명으로부터 오늘의 중남미 문화에 이르기까지 시공간을 뛰어넘어 이국적인 분위기를 느낄 수 있는 곳, '문화는 나눔'이라는 홍갑표 이사장 부부의 결과물을 볼 수 있는 곳, 중남미문화원. 많은 사람이 찾아와 중남미 문화를 즐겼으면 좋겠다.

귀벌레 현상(Earworm Syndrome)

'아야 우지마라.'

분주한 일상 속에서 문득문득 떠오르는 노래 '아야 우지마라' 그다음은 무얼까? 제목도 그다음 가사도 기억이 안 나지만 우지마라고 계속 귓속에서 맴돈다. 도대체 왜 이 한 구절이 귓가에 머물까. 뇌 안쪽에서 '반복' 재생 버튼을 누른 것처럼 계속해서 노래는 되풀이된다.

언젠가 모임에서 이 이야기를 꺼냈다. '아야 우지마라' 노래가 계속 떠올라서 '우지마라' 노래를 검색해서 들어보니 그 노래가 아니었다고. 일행 중 한 명이 그다음 가사는 무엇일거 갔냐고 반문한다. "글쎄요. 배 떠날라 아닐까요?" 그랬더니 그가 웃으며 얘기해 준다. 〈보릿고개〉란 노래인데 "아야 우지마라, 배 꺼질라"라고. 그때서야 앓던 이 빠진 듯 속이 후련했다. 노래를 몇 번이고 되돌려 들었다. 그랬더니 귓속에 맴도는 '우지 마라'가 사라졌다.

요즘 대세인 미스터트롯 프로에서 열네 살 정동원 군이 〈보릿고개〉를 불렀다. 보릿고개 뜻도 모를 것 같은 어린 나이에 감정을 넣어 어쩜 그리도 구슬프게 부르는지 원곡 가수이자 심사위원인 진성 씨는 노래를 듣는 내내 눈물을 흘렸다. 자신의 어린 시절 배고팠던 서러움을 썼던 노랫말인데 그 시절이 생각날 정도로 감동하였단다.

보릿고개의 의미를 아느냐고 묻자 정동원 군은 "저희 할아버지가 보리가 익기 전 먹을 게 없어 못 먹던 시절에 나온 말로 알려주셨다고 말하며 지금 폐암이라 많이 아프신데 TV에 나오는 걸 보여드리고 싶었다."며 눈물을 보였다. 맑고 순수한 목소리로 구슬프고 애수에 젖은 노래가 잔잔하게 마음을 울린다.

햇보리가 나올 때까지 넘기 힘든 보릿고개. 겨울 동안 모아둔 양식은 떨어지고 보리는 미처 여물지 않아 궁핍한 봄에는 먹을 것이 없어 풀뿌리와 나무껍질로 겨우 연명을 했다. 그야말로 초근목피로 연명하던 시절, 미처 채 익지 않은 보리를 꺾어 보리 그을음을 해 먹기도 했다. 배고픔에 눈물겹고 허기졌던 보릿고개는 1960년대까지 존재하다가 산업화로 경제사정이 좋아지자 점차 사라지게 되었다.

나는 보릿고개를 심하게 넘어보지는 않았지만 '주린 배 잡고 물 한 바가지로 배 채우던 시절'이라니 힘겨운 시절인 것은 분명한 것 같다.

무심코 아침에 흥얼거린 노래가 하루 종일 머릿속을 맴도는 날이 있다. '아야 우지마라'처럼. 실제로 계속 귀에서 맴도는 것 같아서 마치 귓속에 벌레가 있는 것 같다 하여 '귀벌레 현상' 또는 '귀벌레 증후군'이라고 한단다. 연구 결과 귀 벌레 곡의 상당수는 사람의 움직임에 맞아떨어지는 춤곡이다. 특히 느린 노래보다 빠른 노래가 중독성이 많아 귀벌레 현상은 빠른 템포의 노래일 가능성이 높다. 가사가 없는 것보다는 가사가 있는 노래에 더 중독되기 쉽다.

〈보릿고개〉 말고도 귓가에 맴돌던 노래가 있었다. 하지만 그

노랫말은 기억이 없고 요즘은 오로지 '아야 우지마라'뿐이다. 이제는 정동원 군이 새로 내놓은 〈여백〉을 즐겨 듣는다. 빠른 템포가 아니어서 그런지 아직은 30초 내외로 귓속에서 맴도는 멜로디는 없다.

그러나 조만간 귀벌레 현상이 또 나타나지 않을까 싶다. "전화기 충전은 잘하면서 내 삶은 충전하지 못하고 사네." 〈여백〉의 가사와 곡조가 다 좋지만 이 구절이 나를 반성하게 한다.

처리해야 할 정보가 너무 많거나 반대로 너무 없을 때 나타난다는 귀벌레 현상, 아득히 멀어져간 기억으로만 남으렴.

백일장 그 깊은 떨림

진달래, 산수유가 활짝 피었다. 명자나무 꽃봉오리도 터질 듯 부풀었다.

4월의 초입, 쌀쌀한 날씨에도 고인쇄박물관 광장에는 많은 참가자가 와있다. 얼마 만에 와 보는 백일장 현장인가. 백일장은 숨겨져 있던 내면과 자신의 본래 모습을 표현할 좋은 기회이다.

오늘의 시제는 '봄바람'이다. 어쩌면 옹기종기 모여 앉아 글을 쓰고 있는 분들이 꽃봉오리이고 그분들 인생에 봄바람이 온 것이 아닐까. 인생에 훈풍이 부는 봄바람을 시발점으로 이곳 청주에서 대가가 많이 나오기를 소망해 본다.

난 주어진 시제로 두 시간 만에 최선을 다해 글을 써야 하는 백일장에 잘 맞는 것 같다. 1994년 봄. 삼일공원에서 열리는 백일장에 참가하였다. 150여 명의 예비 문사들에게 주어진 시제는 '의자'였다. 나는 은행에서 근무할 때의 이야기를 써 내려갔다. 의자에 앉아 가쁜 숨을 몰아쉬며 숨 고르기 하던 할머니가 당뇨 때문에 먹고 싶은 것도 마음대로 못 먹는다고 하소연했었다. 아까시 향기 날리던 잔디 위에 앉아 원고지에 써 내려갔고 장원이라는 영예를 얻었다. 지금 수필가란 이름으로 문학 활동하며 글을 쓰는 것도 백일장 장원이 계기가 되었다.

잠시 남원에 내려가 살 때, 그토록 원하던 아이를 얻었건만 쌍둥이를 봐야 하는 고만고만한 날들. 전북백일장이 열린다는 신문 공고를 핑계 삼아 하루 휴가를 냈다. 아이 육아에서 해방된 날이다. 시제는 '들길' 폐암 말기로 투병 중이었는데 아이가 어려 생의 끈을 놓기 힘들어하던 지인의 이야기를 썼다. 충북 여성백일장에 이어 장원이었다.

중앙대학교와 한국 보이스카우트연맹이 주최한 '2001 사이버 문학 공모전'이 열렸다. 남원 촌부는 글을 보냈는데 그것은 예선이었다. 예선에서 몇 명을 추려 본선을 서울에서 치른다고 한다. 한겨울에도 발가벗고 있다가 문만 열리면 뛰어나가 온 사업장을 뛰어다니며 노는 아이들을 누구한테 맡기고 간단 말인가. 포기하려고 하는데 위층에 사는 언니가 쌍둥이를 봐주겠단다.

'내 인생에 봄날은 언제 오려나.' 하루하루 견디던 내가 봄바람을 맞으러 갔다. 시골 간이역에 핀 꽃 한 송이조차 내겐 봄처럼 의미 있게 다가왔었다. 기차가 설 때마다 사람이 내리고 탔다. 목적지까지 가면서 어쩌면 우리네 삶도 기차와 같은 거지. 인생이란 긴 철로 위에서 몇 정거장 타고 가다가 내리는 게 삶이란 생각을 했다. 세상과 인연이 없던 태아는 한 정거장도 못 가고, 건강한 사람은 나이만큼 정거장을 가는 인생.

그날의 시제는 '우체통'이었다. 기차에서 느꼈던 상념과 시아버님하고 편지를 주고받으며 편지를 부치던 우체통과 연관 지어서 썼다. 대상이었다. 그 당시 글 〈간이역 우체통〉은 첫 수필집 제목이기도 하다.

두 시간 동안 즉석에서 시제를 개봉해 원고지에 글을 써 내려가는 백일장. 200자 원고지에 또박또박 써 내려가던 그때. 직사각형 원고지 틀 안에 자신의 언어로 진솔하게 글을 써 내려가던 그 촉박함, 설렘, 깊은 떨림.

백일장은 내 인생에 전환점이 되었다. 그 계기로 글에 관심을 가졌고 글을 쓰려고 노력했으니까. 농익은 삶의 지혜와 자기 숙련으로 경륜이 쌓인 문장가들. 그 언저리에서나마 있을 수 있는 것은 백일장 깊은 떨림이 마중물이었다.

대보름 달맞이

　정월 초하루 설날이다. 예전에는 설날부터 보름까지가 내내 명절이었다. 어쩌면 묵은세배를 하러 다니는 섣달그믐부터 설은 시작되고 있었다. 설과 보름 사이 한 해의 안녕과 풍요를 비는 의미로 다양한 행사가 치러진다.
　어른이 되면서 할 일이 많기도 하고 바쁜 일상 탓일까. 해마다 어김없이 설 명절은 오지만 예전처럼 설레지 않는다. 어렸을 적에는 다가오는 명절을 하루하루 손꼽으며 설빔을 기대하고 차례상에 올릴 과자라도 먹으려고 다과방을 기웃거렸었다. 언니들이 입던 한복을 입고 친구들과 동네 어른들에게 세배하러 다녔었다. 세배를 하고 어설픈 율동을 곁들인 노래를 하면 덕담에 음식을 주시던 어르신들. 만수무강하시라고 큰절 올렸는데 지금은 다 어디로 가셨는지.

정월대보름, 새해에 첫 달에 만월을 맞는 날. 달은 그 충만함으로 가득 차 있다. 보름달만큼 원형을 갖춘 것이 또 있을까. 우리 눈에 보이는 천체 가운데 달처럼 완벽한 것은 없다.

보름 전날 해거름에는 오곡밥에 호박고지, 시래기, 도라지, 취나물, 고사리 등 묵나물로 만든 아홉 가지 반찬을 해 먹었다. 작년에는 서너 가지 나물을 만들어 이웃과 서로 주고받았는데 겹치는 나물이 없어 마주 보며 웃었다.

어머니는 정월 보름이면 수수와 쌀가루에 팥고물을 켜켜이 넣고 시루떡을 찌셨다. 부뚜막, 장독대, 우물, 광 등에 떡을 갖다 놓고 가족의 건강과 안녕을 비손하셨다. 그날 밤 우리는 모였다. 소쿠리를 들고 동네 한 바퀴 돌면 집집마다 떡을 나누어주었다. 친구 집 사랑

방에 모여 모양도, 맛도 다른 시루떡을 먹으며 놀던 그 시절.

보름날 새벽에 밤, 잣, 호두, 땅콩, 은행 등을 깨물면 부스럼을 앓지 않는다며 부럼 깨기를 했었다. 귀밝이술이라고 막걸리를 한 모금 마시기도 했다. 고샅에 나가 처음 만나는 이에게 이름을 불러 대답하면 '내 더위 사가.'라며 더위를 팔았다. 세 사람에게 더위를 팔면 여름 내내 더위를 타지 않는다고 했다. 더위 파는 것을 모르고 얼떨결에 대답하곤 씩씩대기도 했었다.

방죽에서 썰매를 타고 연 날리다 초저녁이 되면 동네 뒷산으로 올라갔다. 휘영청 밝은 달을 보며 한 해의 소망이 이루어지도록 빌었다. 달이 어찌나 밝던지 사방이 환했다. 뒷산에는 조그만 굴이 있는데 그 앞에서 망우리를 돌렸다. 깡통에 구멍을 뚫은 다음 전깃줄로 손잡이를 만들어 솔방울과 나뭇가지를 넣고 불을 피웠다. 깡통 안에서 불이 타오르면 환한 달빛 아래에서 둥그런 빨간 꽃들이 피어난 듯 돌아간다. 이웃 동네에서 빙글빙글 돌아가는 불하고 서로 경쟁이 붙기도 하였다. 자칫 잘못해서 불똥이 튀어 친구 나일론 점퍼에 순식간에 불이 붙어 혼났던 기억도 있다.

해마다 청주 박물관에서는 제기차기, 윷놀이, 팽이치기, 투호

던지기 같은 행사가 열려 각종 세시풍속을 접할 수 있어 좋다. 올해는 보름달을 마중하며 마음속에 소원을 달에게 빌어볼까. 정월대보름 풍습은 많이 변했지만 달은 늘 우리 곁에 있다. 둥그런 달도 곧 숨이 빠질 테다. 늘 원형으로 있으면 식상할 텐데 연속적이면서도 반복적인 차고 기욺이 있어 더 돋보인다.

　　나이 듦일까. 은은한 달빛이 좋고 어릴 적 정월대보름이 그립다.

비로자나불

법당에 들어가면 부처님을 똑바로 바라보지 못한다. 신비스러운 존재라 눈을 맞추면 안 될 것 같은 생각에서다. 그런데 지금은 자꾸만 힐끔거리고 있다. 둥그런 눈썹, 살짝 다물고 있는 작은 입술, 반타원형의 눈에 새로 그려 넣은 눈동자가 생경하지만 금빛이 도는 다른 부처와 달리 비로자나불의 색깔은 밤색에 가깝다.

얼마 전 나들이를 다녀오는 길이었다. 일행 중 한 명이 특이한 부처가 있다고 가보자 해서 간 곳, 청주 동화사 석조비로자나불좌상을 보는 순간 숨이 턱 막혔다. 광배를 잃어버려 색깔부터가 다른 데다 머리까지 오른쪽으로 기울어져 있었다. 시선을 뗄 수가 없었다.

행복과 불행이 모두 나로 인해 만들어진다지만 그때는 괴로움에 마음고생 중이었다. 동화사 비로자나불이 내게 할 말이 있는 듯했지만 사실은 내가 더 할 말이 많아 다시 찾아와 불상 앞에 섰다. 비로자나불은 태양의 빛처럼 불교의 진리가 우주 가득히 비추는 것을 형상화한 것이다. 산스크리트어로 두루 빛을 비추는 존재라는 의미라서 불교에서는 최고신이라고 할 수 있다.

두 손을 모으고 절을 올린다. 머리를 숙이는 것은 나에게 가장 귀중한 머리를 남의 발보다 낮춤으로써 상대를 받들고 배우겠다는 뜻이란다. 특이한 것은 비로자나불 옆으로 '소원 비는 돌'의 유래가 적혀있다. 연화대에 놓여있는 돌은 과거 지나가는 불자님들의 소원을 들어주는 것으로 알려져 있다. 기도 후 손으로 쓰다듬어서 거칠감을 느끼면 소원을 들어주고 부드러움을 느끼면 소원을 이룰 수 없다고 한다. 나도 슬쩍 돌을 쓰다듬어 보았는데 거칠었다.

비로자나불의 불두를 다시 바라본다. 부러져있던 목을 잘못 복원하였다고 하는데 왜 목이 부러졌을까. '전통사찰정보'에 따르면 임진왜란이 한창이던 때, 왜군의 한 왜장이 청주지역을 지나다가 멀리 동화산 지역에서 황금빛이 비치는 것을 보고 분명 보물이 묻혀있을 것으로 확신해 부하들을 데리고 이곳 동화산으로 왔단다.

왜장은 도착하자마자 황급히 금빛이 나는 법당문을 열었는데 화려한 빛을 내던 불상에서 빛이 사라지고 불상의 얼굴이 서서히 돌아가 왜장을 외면하였다고 한다. 화가 난 왜장은 칼을 들어 불상의 목을 내리쳤고, 그 불상의 목이 떨어지며 왜장의 발목을 내리찍었다. 이후 떨어진 머리를 다시 올려붙였으나 원래 모습으로 돌아가지 않은 채 현재와 같이 되었다고 한다. 비뚤어진 마음이 자애로운 불상을 틀어지게 한 모양이다.

비로자나불을 모신 대적광전 앞에 불완전한 삼층석탑이 놓여있다. 전체적인 양식 수법으로 보아 고려 초기의 석탑으로 추정하고 있는데 꾸미지 않은 듯 자연스럽다. 오래된 탑에서 느껴지는 편안함이 있다.

절 앞에는 개울이 있고 건너편에는 석조 석가모니불을 봉안하고 좌우로 수십 기의 관세음보살 입상을 봉안하였다. 병풍처럼 펼쳐져 있는 암벽과 초록의 나무들이 절묘한 풍경을 자아내고 있다. 돌다리를 건너다보면 거북 모양의 큰 바위가 물살을 지켜보고 산신각으로 올라가는 계단이 있다.

계단은 108개다. 불심을 쌓듯 한 계단 한 계단 올라가며 절을 했다. 비로자나불의 은덕인가. 짓누르고 무거웠던 마음이 한결 홀가분하다.

스승의 날에

계절의 여왕이라 불리는 오월은 행사가 많다. 그중 〈스승의 노래〉는 늘 기억에 있다.

"스승의 은혜는 하늘 같아서 우러러 볼수록 높아만지네."

이 노래를 들으면 스승과 제자의 관계가 예사롭지 않다는 것을 느낀다. 5월 15일 스승의 은혜에 보답하는 날은 세종대왕의 탄생일에서 따 왔다. 세종대왕이 한글을 창제하여 만백성에게 가르친 스승 같은 존재이기 때문이다.

선생님은 한 사람의 미래에 많은 영향을 끼친다. 훌륭한 스승을 만나는 것은 좋은 부모를 만나는 것 못지않은 축복이다. 예의를 중요시하던 우리나라에서 스승은 그 아버지와 동격으로 생각하여 늘 공경했다.

싱그러운 오월의 신록과는 다르게 아들은 우울 모드였다. 기숙사에서 생활하다가 토요일 집에 와서 일요일 저녁에 다시 기숙사로 돌아가는데, 말도 안 하고 밖에도 나가지 않는다.

남편의 사십구재를 지내자마자 고등학교 기숙사에 들어간 아들. 슬픈 마음을 헤아리지도 못한 채 떨어졌다. 나 역시 힘들긴 마찬가지라서 내 몸 건사하기도 지쳐있던 때다. 갑자기 말이 없어지고 만사 귀찮아하는 아들은 그렇지 않아도 힘들어할 제 어미에게는 이유를 말하지 않았다.

담임선생님께 상의 드렸다. 아이가 우울증을 앓는 것 같다고. "어머니 아이들은 우울증이라고 안 해요. 사춘기를 겪는 것 같아요." 그런 뒤 전화가 걸려왔다. 너무 걱정하지 않으셔도 된다고. 그 후

아이는 밝아졌다.

나중에 안 사실이지만 선생님은 아이와 한 시간 넘게 상담을 하셨단다. 선생님도 너처럼 어린 나이에 아버지가 돌아가셨다고. 지금 네가 할 수 있는 건 열심히 공부해서 좋은 대학 가고 그런 후에 취직해서 엄마를 보살펴 주는 것이라고.

우리 아이처럼 한 부모나 조부모하고 같이 생활하는 아이가 많다고 말씀하신다. 그런 아이들에게 아버지의 빈자리를 아버지처럼 지켜주시던 다정한 선생님. 아들의 진로를 함께 고민해 주시고 방향도 잡아 주셨다. 꿈과 목표를 위해 든든한 인생의 나침판을 세워주시고는 아이가 2학년 때 전근을 가셨다.

남편 없이 산다는 것, 아빠 없이 공부하기도 힘든 환경이다. 왜 우리 사회는 남편이 뭐 하는지, 아빠가 무슨 일을 하느냐가 궁금한지 지금도 모르겠다. 평범한 가정일 때는 모르고 살다가 남편이 없는 세상의 차별을 절실히 경험했다.

마음고생 끝에 졸업하였다. 아들과 아들 친구를 부르신 선생님. 손수 삼겹살을 구워 제자들에게 주고 술 따르는 법도 가르치셨다. 인생의 첫 술잔을 선생님께 예법에 맞게 교육을 받은 셈이다. 아빠가 없는 아들을 위해 특별히 마련한 자리임을 느꼈다. 두 손으로 술잔을 받아 얼굴 돌리고 마시는 상상만으로 가슴이 찡했다. 그날 선생님은 청출어람靑出於藍을 강조하셨단다. 쪽에서 뽑아낸 푸른 물감이 더 푸르다는 뜻으로 제자가 스승보다 나음을 비유적으로 이르는 말이지만, 부단히 노력해서 크게 성장하라는 말씀으로 알아들었으리라.

누구나 스승이 있게 마련이고 때로는 제자가 되기도 하고 어느 때는 내가 스승이 되기도 한다. 그만큼 삶은 배움과 가르침이 끝없이 이어지는 존재이다. 더 나은 사람이 되기 위해서 배움은 끝이 없어야 하고, 그러한 배움을 위해서는 선생님의 가르침이 있어야 한다. 학문도 그 과정을 거듭 쌓음으로써 깊어지고 순화되는 것이다.

아들의 인생에 있어 가장 슬펐던 시절을 사랑으로 보듬어주신 선생님. 사제 간의 따뜻한 감동처럼 늘 그리움으로 남는다.

나를 키우는 여행

여행은 나를 찾아가는 여정이 아닐까.

나는 누구인가. 바쁜 일상 속에서 복잡해진 머리를 비우고 가끔은 나를 바라보는 시간을 가져봄도 괜찮을 것 같다.

바람 끝이 차가워졌다. 기승을 부리던 폭염이 물러가자 하루가 다르게 변하는 가을 기운이 나뭇잎을 물들이고 과일이며 곡식을 여물게 한다. 파란 가을 하늘빛은 물러가는 9월의 막바지를 배웅하고 있다.

초행인 백담사 가는 길이다. "푸른 산빛을 깨치고 단풍나무 숲을 향하여 난 작은 길을 걸어서 차마 떨치고 갔습니다."라고 노래한 만해의 〈님의 침묵〉도 만나보고, 내설악의 속살도 볼 생각에 가슴 설렌다. 다른 회원들도 나와 같은 마음일까. 예전 문학기행보다 회원 수가 많다. 약속 시간보다 미리 도착한 일행으로 꽉 찬 대형버스가 일찍 출발했다. 조짐이 좋다.

백담사 百潭寺

백담사 가는 길은 참으로 깊고 멀었다. 마을버스로 갈아타고 약 20분가량 계곡을 끼고도는 좁은 산길을 올라가야 했다. 하얀 물감을 칠한 듯한 바위와 그림처럼 펼쳐지는 계곡 풍경을 제대로 보려면 버스의 왼쪽에 앉아야 한다. 오른쪽은 깎아지른 절벽이다. 다행스레 왼쪽에 앉아 계곡을 즐기는 것만으로도 한껏 기분이 좋아진다.

백담사는 신라 제28대 진덕여왕 원년(647년)에 자장율사가 세운 절로 처음에는 한계사라 불렸으나 운흥사, 심원사, 선구사, 영취사로 바뀌다가 1457년(세조 3년)과 1783년(정조 7년)에 최붕과 운담이 백담사라 개칭하여 현재까지 전해지고 있다. 백담사라는 이름은 설악산 대청봉에서 절까지 작은 담이 100개가 있는 지점에 사찰을 세운 데에 불리게 되었단다.

백담계곡을 가로지르는 돌다리 수심교를 지나면 그 건너로 고즈넉한 산사의 자태가 펼쳐진다. 깊고 좁은 길을 따라 가파른 계곡을 굽이굽이 지나온 뒤라 눈앞에 단아하게 펼쳐진 절이 피안의 세계에 온 듯한 느낌이다. 아담하고 정갈하다. 내설악 산새의 위엄에 하얀 바위가 부서져 내리는 맑간 계곡물을 보다가 확 트이게 펼쳐진 곳. 말 그대로 마음을 닦은 자, 마음을 닦는 자들이 건너는 다리 수심교를 지나와서 그런지도 모르겠다.

백담사는 내설악의 오지에 자리 잡아 옛날에는 좀처럼 찾기 힘든 수행처이다. 그랬던 이곳이 관광객으로 붐빈다. 만해 한용운이 머물며 명작을 남긴 절이지만 전두환 전 대통령 부부의 은둔처로 더 알려져 씁쓸하다. 백담사 화엄실에 입던 옷과 쓰던 물품이 잘

정돈되어 있다. 문 앞에 '제12대 대통령이 머물던 곳입니다.'라는 문구를 보자 입이 쓰다. 두 평 남짓한 초라한 방을 보며 한 나라의 지도자였지만 권력의 덧없음을 느낀다. 역사는 훗날 어떻게 평가할지 궁금하다.

만해의 얼이 깃든 곳을 극명하게 다른 삶과 사상을 가진 사람이 은거하면서, 한 공간에 공존하는 역사의 아이러니 현장이 아무렇지 않게 시간을 달리해서 펼쳐지고 있다.

－만해기념관

백담사 입구의 수심교를 지나 금강문을 들어서면 정면에 극락보전이 있고 좌. 우로 화엄실과 범화살이 있다. 우측에 전통한옥이 있는데 이곳이 만해기념관이다. 너와 지붕의 찻집 백담다원 농암실에서 차를 마시고 싶은 충동을 누르고 만해를 만나러 갔다.

만해기념관은 선생의 민족사랑 정신을 계승하기 위해 1997년 11월 9일 개관했다. 한용운 스님의 행장(일대기)을 볼 수 있는 곳이다. 백담사에서 불교 개혁의 기치를 들었던 〈조선 불교 유신론〉과 〈불교 대전〉의 원전을 대하게 된다. 만해 생전의 유묵과 〈님의 침묵〉 초간본과 백여 종의 판본이 함께 전시되어 있다.

흉상 앞에서 잠시 묵념에 들었다. 일제 강점기의 시인이자 승려, 독립 운동가였던 한용운은 불교를 통한 언론, 교육 활동을 했으며 3·1만세 운동 때 민족대표 33인의 한 사람이기도 하다. 3·1 독립선언 후 법정에서 재판장에게 "조선인이 조선 민족을 위해 스스로 독립운동을 하는 것이 마땅한 노릇인데 일본인이 어찌 감히 재판하느냐." 호령하고, "육신이 다하면 정신만이라도 남아 독립운동을 할 것이다."라고 당당히 말하고, 옥중에서 서면으로 그 유명한 〈조선 독립에 대한 감상의 개요〉란 조선독립 이유서를 썼다. 그 서슬 퍼런 기개가 흉상 앞에 머물러 있는 듯 근엄하다.

백담사는 만해 한용운(1879-1944) 선사의 출가 사찰이자, 위대한 만해 정신의 산실이다. 민족의 자랑이요, 겨레의 스승이신 선사의 유물과 자료를 한자리에 모은 만해기념관을 개관함은 백담사의 크나큰 자랑이다.

―백담계곡의 돌탑

 백담사를 오래 기억하게 하는 것은 수많은 돌탑이다. 절을 들어서기 전에 돌탑을 보며 탄성을 지르다 경내에 발자국을 들여놓으면 옥죄고 있던 마음이 절로 풀어지고 만다.
 차 한잔 생각이 간절하지만 시간이 없어 돌탑으로 발길을 돌리는데 다원 앞에 있는 글귀가 아쉬움을 더욱 남게 한다.
 '불도가 무엇입니까?'
 '차나 한잔 들고 가게!'
 돌탑을 보러 갔다. 백담사 계곡에 수많은 돌탑이 보인다. 이곳을 다녀간 이들이 소원을 빌며 쌓은 것이라고 하는데, 눈길 닿는 곳마다 가득한 돌탑에 얼마나 많은 이의 간절한 기원이 담겨 있을까. 돌 하나하나를 올려놓으며 탑을 쌓는 행위는 마음을 닦는 수행이며 기도이다. 옹기종기 모여 있는 돌탑은 그야말로 장관이다. 장마가 모두 휩쓸고 간 돌탑을 다시 쌓았단다. 지금보다 더 나아지기를 소망하며 쌓은 돌들, 나만 힘들고 시련이 닥치는 인생이라며 슬펐는데 나만 고단한 게 아니라는 생각으로 위로받는다.

이미 쌓아놓은 탑에 돌 하나 더 올린 사람도 있겠지만 가족건강과 자식 잘되게 해 달라고, 남편의 성공을, 아픈 이의 회복이며 각자의 소망을 닮아 정성스럽게 올린 돌들일 것이다. 나 역시 소원을 담아 탑이 무너지지 않게 조심스럽게 올리는 순간, 바람도 잠시 머물며 지켜보는 듯하다.

한국시집박물관

초입에는 시집박물관답게 시인의 나무라고 해서 나무마다 시인의 시를 소개하고 있다. 소나무 숲을 거닐며 시인과 만나고 있다.
우리나라 근·현대의 시집을 체계적으로 전시·교육하는 한국시집박물관은 강원 인제군 북면 용대리에 있다. 국내외 300여 명의 시인과 소장가들이 기증한 시집 1만여 권이 소장되어있다. 시집에는 정지용 시집(1935년, 1946년), 김립 시집(1939년) 등을 비롯한 1950년대 이전에 간행된 희귀시집 100여 권도 포함돼 있다. 우리 청주문인협회 회원들도 소장 도서나 개인 저서를 기증하였다.

시집 대여가 가능해 온종일 시인들과 함께하는 것도 좋을 것 같았다. 비 내리는 날, 침묵하고 싶을 때 이곳에서 시를 음미하는 시간을 가져보고 싶다. 설악산과 내린천이 흐르는 아름다운 인제에는 문학관만 세 곳인데 내가 사는 청주에는 문학관이 없어서 속상하고 부끄러웠다.

9459㎡의 부지에 지하 1층, 지상 2층 규모로 건립되었다. 내가 여기를 부러워하였던 것은 2층이었다. 근현대 시기(1900~1970년대) 한국 시집 등을 연대기로 전시한 상설 전시실과 시를 짓고 낭송하는 체험실, 특별전 등의 전시가 가능한 기획전시실로 구성되어 있다.

역동적인 여러 시대를 거치며 다양하게 변화된 우리의 시와 시인을 만날 수 있다. 시인의 사진과 함께 시대별로 구분해 놓아서 국문학을 공부하고 있는 나로서는 반가운 일이 아닐 수 없다.

"밤늦게 들려오는 기적소리가

산 짐승의 울음소리로 들릴지—"

우리 지역 문인 오장환의 〈나 사는 곳〉 중 일부도 보여 더 반가웠다.

박인환문학관

　문학관 하면 그 작가의 작품이나 유품, 생의 일대기를 그려 놓는데 이곳은 좀 다르다. 문학관 내부는 해방 전 명동거리를 재현해 놓은 전시공간이며 문학관 외부에는 박인환 시인의 거리가 조성되어 있다.
　한국 모더니즘의 대표시인 박인환은 시인 오장환이 운영하던 서점을 넘겨받아 '마리서사'를 열었다. 이곳에는 앙드레브로통, 장콕도 등 여러 문인의 작품과 문예지, 화집 등이 갖추어져 김광균, 김기림, 정지용, 김광주, 김주영 등 여러 시인과 소설가들이 자주 찾는 문학 장소이자 한국 모더니즘 시운동이 일어난 발상지였다.
　마리서사 옆에는 선술집 '유명옥'이 있다. 이곳은 김수영 시인의 모친이 충무로에 낸 빈대떡집이다. 여기서 김수영, 박인환, 김경린, 김병욱 등이 모여 한국 현대시의 새로운 출발과 후기 모더니즘의 발전에 대해 서로 의견을 나누었다. 그 결과는 동인지 '신시론' 제1집으로 나타난다.
　유명옥 맞은편의 '봉선화 다방'도 빼놓을 수 없다. 이 다방은 고전음악을 듣는 곳으로 8·15광복이 되자, 명동에서 가장 먼저 개업했다. 문인과 예술가들은 이곳에서 시낭송의 밤, 출판기념회, 전시회 등을 열었다. 그밖에 '모나리자 다방', '동방싸롱', '포엠' 등 박인환이 꿈을 키웠던 역사적 명소들을 재현해 당대 시인의 활동을 쉽게 이해할 수 있도록 꾸며놓았다.

이곳에서 같이 간 원로 수필가는 〈세월이 가면〉 노래를 부르신다. 거기에 여자 회원이 같이 부르니 가을바람과 더 잘 맞는 노래이다. 〈세월이 가면〉은 박인환이 사망하기 얼마 전인 1956년 3월 어느 날 은성이라는 명동의 술집에서 박인환이 즉석에서 시를 쓰고 이진섭이 곡을 붙여 탄생한 노래다.

은성 여주인은 외상값을 갚지 않는 박인환에게 외상을 먼저 갚아야 술을 주겠다고 했는데 잠시 생각에 잠겨있던 박인환은 즉석에서 시를 쓰고 함께 있던 이진섭이 곡을 붙였다. 마침 가까운 테이블에서 술을 마시던 현인이 즉석에서 노래를 불렀고 이 노래를 들은 은성 여주인은 눈물을 흘리며 외상값을 받지 않았다고 한다. 이런 사연을 알고 세월이 가면 가사와 노래를 들으니 없이 살던 시절이라도 낭만이 있고 멋이 있었던 거 같다.

문학관 앞마당에는 시인의 품이 있다. 박인환 시인이 코트를 입고 바람을 맞으며 시상을 떠올리는 모습이다. 코트 안으로 들어가 앉으면 시인의 대표노래와 시를 들을 수 있다고 하는데, 여럿이 가서 소란스러워서 그런가 난 듣지를 못하였다. 넥타이가 멋스럽게 바람에 날리는 모습으로 앉아있는 시인은 문학관에서 최고의 포토존이기 때문에 한가하게 앉아서 시상을 잡기가 쉽지 않을 것 같다는 생각도 해 본다.

만해 한용운 흉상 앞에는 "님만 님이 아니라 기룬것은 다 님이다"라고 쓰여 있다. 그렇다. 기룬것은 다 님인 것이다. 그는 〈님의 침묵〉을 집필하며 무슨 생각을 하였을까? 사랑하는 나의 님이 푸른 산빛을 깨치고 갔다. 그렇지만 고통과 슬픔을 극복한 새로운 희망이 있다. 임에 대한 영원한 사랑이다.

"아아 님은 갔지만은 나는 님을 보내지 아니하였습니다. 제 곡조를 못 이기는 사랑의 노래는 님의 침묵을 휩싸고 돕니다." 님을 해석하는 여러 갈래가 있지만 시는 읽는 독자의 몫이다. 그래서 난 그리운 님으로 여기고 희망을 가슴에 담고 간다. 보낼 사람을 보내지 않았기에 지금까지 나는 어디로 가고 방황하고 있었다.

박인환의 시 〈세월이 가면〉에서처럼 "지금 그 사람 이름은 잊었지만 그 눈동자 입술은 내 가슴에 있네" 노래가 흥얼거려진다.

사랑은 가고 옛날은 남는 것……. 그래서 사람은 가도 발자취는 남아서 백담사의 역사는 이어지고 박물관들이 우리를 맞아주고 있다.

훗날 청주에 문학관이 생겨 오늘 같이 간 문인의 얼굴과 이름을 볼 수 있었으면 좋겠다. 내 이름도 함께.

모임득 수필집
먹을 갈다

인쇄 2020년 09월 20일
발행 2020년 09월 30일

지은이 모임득
발행인 서정환
펴낸곳 수필과비평사
주소 서울시 종로구 삼일대로 32길 36(익선동 30-6 운현신화타워) 305호
전화 (02) 3675-3885, (063) 275-4000 · 0484
팩스 (063) 274-3131
이메일 sina321@hanmail.net   essay321@hanmail.net
출판등록 제300-2013-133호
인쇄 · 제본 신아출판사

저작권자 ⓒ 2020. 모임득
이 책의 저작권은 저자에게 있습니다. 서면에 의한 저자의 허락없이 내용의 일부를 인용하거나
발췌하는 것을 금합니다.
COPYRIGHT ⓒ 2020. by Mo imdeuk
All rights reserved including the rights of reproduction in whole or in part in any form.
저자와 협의, 인지는 생략합니다.
잘못된 책은 바꿔 드립니다.

ISBN 979-11-5933-286-9 03810

값 13,000원

> 이 도서의 국립중앙도서관 출판예정도서목록(CIP)은 서지정보유통지원시스템 홈페이지
> (http://seoji.nl.go.kr)와 국가자료공동목록시스템(http://www.nl.go.kr/kolisnet)에
> 서 이용하실 수 있습니다.(CIP제어번호: CIP2020040265)

Printed in KOREA

* 이 책은 2020년 충북문화재단 의 문화예술지원 사업을 지원받아 발간하였습니다.